답 없이 살아가기
답 없이 사랑하기

답 없이 살아가기
답 없이 사랑하기

ⓒ 생명의말씀사 2021

2021년 2월 22일 1판 1쇄 발행
2023년 10월 24일 　　4쇄 발행

펴낸이 ㅣ 김창영
펴낸곳 ㅣ 생명의말씀사

등록 ㅣ 1962. 1. 10. No.300-1962-1
주소 ㅣ 서울시 종로구 경희궁1길 6 (03176)
전화 ㅣ 02)738-6555(본사) · 02)3159-7979(영업)
팩스 ㅣ 02)739-3824(본사) · 080-022-8585(영업)

지은이 ㅣ 김형익

기획편집 ㅣ 임선희
디자인 ㅣ 조현진
인쇄 ㅣ 예원프린팅
제본 ㅣ 보경문화사

ISBN 978-89-04-16745-6 (03230)

저작권자의 허락없이 이 책의 일부 또는 전체를
무단 복제, 전재, 발췌하면 저작권법에 의해 처벌을 받습니다.

답 없이 살아가기
답 없이 사랑하기

김형익

막막한 오늘을 살아가는 하나님의 지혜

답 없는 삶일지라도

더 많이 사랑하며

후하게 인애를 베푸는 삶을 살면 좋겠구나.

인성, 혜성에게

시작하는 글

하나님을 믿지만 막막한 인생을 살아가는 이들이 적지 않습니다. 제 인생도 돌아보면 다르지 않았습니다.

하지만 성경은 그냥 그렇게 막막하게 살아가는 게 그리스도인의 삶이라고 가르치지 않습니다. 하나님은 이런 인생들에게 찾아오시고 말씀하시며 친절하게 설명도 해 주십니다.

그런데 슬프게도 그 설명을 듣기가 쉽지 않습니다. 번영신학에 근거한 가짜 복음의 메아리들 속에 참된 복음의 외침들이 묻히기 때문입니다.

그래서 우리의 막막한 삶의 현실에 대한 바른 설명을 듣기가 어렵습니다. 게다가 그 거짓 복음은 성공은 축복이고 실패는 저주라는 공식을 들이대면서 막막한 인생을 그래도 믿음으로 살아보려고 하는 형제들의 가슴을 찢어 놓기 일쑤입니다.

목회자로 살아오면서 사람들의 좀 더 깊은 삶의 자리를 들여다보게 되는 일이 다른 이들보다는 많았던 것 같습니다. 겉으로만 보면 '저 사람에게 무슨 문제가 있겠나?' 싶지만, 문제없이 살아가는 사람은 없습니다. 모두가 정도의 차이는 있을지언정, 다 문제들을 안고 살아갑니다.

범죄한 아담의 후손으로 태어나서, 죄인들의 세상을 살아가는 우리가 아무 문제없이 살아갈 수 있다면 오히려 그게 이상한 일일 겁니다.

저는 답 없는 삶을 살아가는 동료 그리스도인 형제와 자매들을 위로하고 싶었습니다. 목회자와 설교자로서 제가 줄 수 있는 위로는 성경이 말씀하고 가르치는 설명들을 바르고 따뜻하게 제시하는 것이라고 생각했습니다.

그렇다고 해서 제가 이 책을 통해서 어떤 답을 제시할 것이라고 기대하지는 마십시오. 저는 그런 시도를 할 생각도 없고 할 수도 없습니다. 답은 하나님 자신이시니까요. 그것은 우리들 각자가 하나님을 직접 뵐 때에야 해결될 수 있는 일일 테니까요. 욥이나 아삽이 했던 동일한 고백처럼 말입니다.

> 내가 주께 대하여 귀로 듣기만 하였사오나 이제는 눈으로 주를 뵈옵나이다(욥 42:5).
> 하나님의 성소에 들어갈 때에야 그들의 종말을 내가 깨달았나이다(시 73:17).

저는 그저 성경이 주는 가르침과 설명들을 여러분과 나누고 싶을 뿐입니다. 이 책은 제가 간접적으로 경험한 다른 사람들의 이야기에 토대를 두지 않았습니다. 이 책은 남의 이야기가 아니라 저의 이야기입니다. 60년 가까운 짧은 삶을 살아오면서, 자신의 삶에 대해 고민했고, 던져 왔던 숱한 질문이 이 책의 페이지마다 배어 있습니다.

언젠가 신학자 스탠리 하우어워스가 강연에서 했던 한 문장을 들었을 때, 그 문장이 얼마나 깊이 제 뇌리에 박혔던지, 이후 꽤나 긴 시간 동안 제 머릿속을 떠나지 않고 맴돌았습니다. "그리스도인으로 사는 것은 답 없이 사는 법을 배우는 과정이다."라는 말입니다.

그 후 그의 신학적 자서전이라고 할 『한나의 아이』(Hannah's Child: A Theologian's Memoir)를 읽으면서 이 부분을 다시 보게 되었습니다.

> 내가 볼 때, 그리스도인으로 사는 것은 답 없이 사는 법을 배우는 과정이다. 이렇게 사는 법을 배울 때 그리스도인으로서 사는 것은 너무나 멋진 일이 된다. 신앙은 답을 모른 채 계속 나아가는 법을 배우는 일이다.[1]

저는 이 말을 성경의 언어로, 그리고 저의 설명으로 풀어

---

1 스탠리 하우어워스, 홍종락 역, 『한나의 아이 : 정답 없는 삶 속에서 신학하기』(IVP, 2016), p.370.

보고 싶었습니다. 답 없이 사는 삶이 구질구질하고 주눅 들기만 하는 삶이 아니라, 얼마든지 당당할 수 있고 멋진 삶일 수 있다는 것을 성경을 통해서 설명하고 싶었습니다.

벤샬롬교회에 부임한 이듬해인 2016년 여름 가족수양회에서 '답 없이 살아가기'와 '답 없이 사랑하기'라는 제목으로 두 차례 말씀을 전한 것이 이 책의 기초가 되었습니다. 설교를 한 뒤에도 이 주제는 계속 제 머릿속을 떠나지 않았습니다. 그때로부터 3년이 더 지나, 이 두 번의 설교를 넘어서는 좀 더 확장된 설명이 필요하다고 생각했습니다. 2019년 말, 그 두 편의 설교 위에 '마라와 엘림', '부자 되기 대(對) 사랑하기'라는 두 편의 설교를 더함으로써, 온전하지는 않지만 일단 그 숙제를 한 셈이 되었습니다.

이 책의 처음 두 장은 룻기에 기초합니다. 그렇지만 룻기를 본문으로 한 강해 설교는 아닙니다. 룻기의 중심인물들의 삶을 조명함으로써, 그리스도인이 이 땅에서 살아가는 삶이 답 없는 삶이기는 하지만, 답 없는 삶의 한가운데에서도 사랑하라는 소명을 받고 답 없이 사랑하는 삶이라는 것을 보여 주려고 했습니다. 하나님께서 우리에게 언제나 넘치도록 너그러우시고, 그 풍성한 인애(헤세드)를 베풀어 주시듯이, 답 없이 살아가는 우리가 그럴 수 있다는 것을 말하고 싶었습니다. 그 삶이 얼마나 기막히게 멋진 삶인지를 말입니다.

하지만 답 없는 삶의 현실을 받아들이고 해석하는 우리 자신의 시각이 선명하지 않으면 이것은 그저 멋진 말잔치에 지나지 않게 될 것입니다.

그래서 3장 '그리스도인은 무엇으로 사는가?: 마라와 엘림'은 이 주제를 다룹니다.

우리 인생이 쓰디쓴 마라를 지날 때가 있고 천국같이 느껴지는 엘림에 머물 때가 있습니다. 번영 신학이 말하듯이, '마라는 저주이고 엘림은 축복이다.'라는 공식으로는 이 삶의 문제를 풀 수 없습니다. 마라는 마라대로, 엘림은 엘림대로 하나님의 은혜의 다른 양상임을 설명했습니다. 이것이 성경의 흔들림 없는 가르침입니다. 이 문제가 깨끗하게 정리되지 않으면, 우리 안의 쓴뿌리를 해결할 수 없고, 우리 안의 쓴뿌리를 뽑지 못하면 우리는 아무도 사랑할 수 없기 때문에 3장은 중요합니다.

마지막 4장에서는 조금 민감한 주제인 물질과 부의 문제를 다루었습니다.

온 세상이 돈에 묶여서 살아갑니다. 하지만 그리스도인은 부자가 되는 것을 인생의 목표로 삼고 살아가는 사람이 아닙니다. 그리스도인은 사랑하기 위해서 사는 사람입니다. 당신이 참된 그리스도인이라면, 당신은 더 부자가 되는 것이 아니라 더 많이 사랑하고, 더 많은 인애를 베풀고, 더 관대하고, 더 풍성하게 나누는 사람이 되는 것을 목표로 삼아야 합니다.

저와 같이 답 없이 살아가는 독자들이 이 책을 통해서 하나님의 위로를 발견하게 되기를 바랍니다. 하나님께서 내 처지를 이해해 주시기 때문이 아니라, 이 상황에서도 내가 감당해야 할 영광스러운 사명과 멋진 목적이 있다는 것을 발견하고서 여러분의 가슴이 뛰기를 바랍니다. 그리고 답 없는 현실 속에 주저앉아 있는 것이 아니라, 적극적으로 사랑하고 인애를 베푸는 삶을 선택하게 되시기를 기도합니다. 답이 없어서 주눅 든 삶이 아니라 답이 없어도, 아니, 답이 없기 때문에 답 없이 살아가는 형제와 자매들을 사랑할 수 있고, 사랑하기로 선택하는 멋진 삶을 살기를 바랍니다.

본문에서 뚜렷하게 언급하지는 않았지만, 저는 이 책을 쓰는 내내 교회를 염두에 두었습니다.

교회는 답 없이 살아가는 사람들의 공동체이고, 답 없이 사랑하는 사람들의 공동체입니다.

교회에서 우린 다 약자로 만나고 패자로 만납니다. 우리는 다 나오미이고, 룻이고, 보아스입니다. 일견 보아스는 부족함이나 문제가 없어 보이지만 꼭 그런 것만은 아닙니다. 그들도 우리처럼 다 답 없이 살아간 사람들입니다. 그들이 답 없는 삶의 현실 속에서도 서로 사랑하고 인애를 베풀기를 선택하였듯이, 교회는 답 없이 사랑하라는 부르심을 받은 공동체입니다.

저는 이 경험이 주의 사랑을 입은 이 땅의 모든 교회 공동체 안에서, 그 사랑을 입은 지체들을 통하여 깊이 누려지기를 바랍니다.

김형익

목차

시작하는 글   06

1. 답 없이 살아가기 - 나오미와 룻   17

인생은 과정이다 / '마라' 같은 삶 / 답 없는 인생 / 나오미의 인생역정 / 답 없이 사는 것 배우기 / 놓치지 말아야 할 질문 / 억지로 문제를 찾지 말라 / 복음은 마라를 이긴다 / 질문하고 생각하는 삶

2. 답 없이 사랑하기 - 보아스와 룻   55

공식을 가진 삶은 위험하다 / 고난과 함께 '잘' 살기 / 그리스도인의 선택 / 하나님의 헤세드

3. 그리스도인은 무엇으로 사는가?
   - 마라와 엘림　　　　　　　　　　　　　　　93

믿음의 두 가지 실제 / "근심하는 자 같으나 항상 기뻐하고" / 기쁨의 현재적인 흘러넘침 / 마라를 지날 때 해야 하는 일 / 행복의 조건 / 맞춤 은혜 / 엘림은 가나안이 아니다 / 엘림의 은혜와 마라의 은혜 / 믿음의 신비 / 우리를 부르신 하나님의 뜻

4. 그리스도인은 어떻게 살아야 하는가?
   - 부자 되기 vs. 사랑하기　　　　　　　　131

육체의 소욕과 성령의 싸움 / 두 가지 인생관 / 믿음의 척도 / 우리를 불편하게 하는 싸움 / 부하려 하는 자들 / 부자를 향한 바울의 권고 / 현대 교회가 직면한 위기 / 그리스도인은 사랑하라고 부름 받은 사람이다

마치는 기도　　　　　　　　　　　　　　　172

사사들이 치리하던 때에 그 땅에 흉년이 드니라. 유다 베들레헴에 한 사람이 그의 아내와 두 아들을 데리고 모압 지방에 가서 거류하였는데 그 사람의 이름은 엘리멜렉이요 그의 아내의 이름은 나오미요 그의 두 아들의 이름은 말론과 기룐이니 유다 베들레헴 에브랏 사람들이더라. 그들이 모압 지방에 들어가서 거기 살더니 나오미의 남편 엘리멜렉이 죽고 나오미와 그의 두 아들이 남았으며 그들은 모압 여자 중에서 그들의 아내를 맞이하였는데 하나의 이름은 오르바요 하나의 이름은 룻이더라. 그들이 거기에 거주한 지 십 년쯤에 말론과 기룐 두 사람이 다 죽고 그 여인은 두 아들과 남편의 뒤에 남았더라.

_ 룻기 1:1-5

1. 답 없이 살아가기

- 나오미와 룻

인생은 과정이다

 2001년 〈타임〉지가 선정한 미국 최고의 신학자이자, 생존하는 신학자 중 오늘날 세계적으로 가장 영향력 있는 신학자 가운데 한 사람인 스탠리 하우어워스는 자신의 신학적 자서전 『한나의 아이』에서 "그리스도인으로 사는 것은 답 없이 사는 것을 배우는 과정"이라고 이야기했습니다.[2]

 이 말은 가슴 깊이 새겨지는 말일 뿐 아니라 명쾌하게 설명하기 어려운 그리스도인의 삶을 기막히게 설명한 말이 아

---

2 스탠리 하우어워스, 홍종락 역, 『한나의 아이 : 정답 없는 삶 속에서 신학하기』(IVP, 2016), p.375.

닐까 생각합니다.

스탠리 하우어워스가 이 말을 한 배경은 자기 자신의 삶과 깊은 관련이 있습니다. 그는 대학교 때 만난 아내와 결혼한 지 얼마 지나지 않아 아내에게 정신적인 문제가 있다는 것을 발견하게 되었습니다. 시간이 흐르면서 그것은 심각한 정신적 질병으로 진행되었고, 호전되기는커녕 점점 더 악화되기만 했습니다. 그런 아내와 24년을 함께 살았습니다. 불과 예닐곱 살밖에 되지 않은 아들에게 "네가 엄마를 돌보아 줘야 한다"는 막중한 부담감을 안겨 주면서 이 무거운 짐을 짊어지고 살아가야 했습니다.

지금은 50대인 그의 아들 애덤은 아버지 스탠리 하우어워스에게 이렇게 말했다고 합니다. "아빠, 그때 제가 몇 살이었는지 아세요? 아빠가 '네가 엄마를 책임져야 돼, 돌보아 주어야 돼.' 그랬을 때 저 여덟 살이었어요."

정신질환이 있는 아내와의 24년의 결혼생활. 사람이 이런 상황에 처하게 되면 하나님께 질문을 던지게 됩니다. '하나님, 제 인생이 왜 이렇게 된 것입니까? 왜 이렇게 살아가야 하는 겁니까? 언제까지 이 고통 속에서 살아가야 하는 겁니까? 과연 해결책이 있습니까? 제 삶에 무슨 소망이 있습니까? 저의 미래는 어떻게 되는 겁니까?'라고 말입니다.

사람마다 정도의 차이가 있겠지만 모두가 이와 비슷한 고통을 안고 살아갑니다. 그래서 우리는 하나님께 많은 질문을 던집니다. 하지만 대답이 주어지는 경우는 거의 없습니다. 질문은 있는데 대답이 없는 것입니다.

그러한 질문을 던지면 던질수록 대부분 다시 메아리가 되어서 자기 자신에게로 돌아오곤 합니다. 속 시원한 대답이 주어지는 경우는 거의 없습니다. 고통스러운 상황이 쉽게 종결되지도 않습니다. 기도하고 잠을 청하지만 아침에 일어나면 여전히 그 문제가 자신을 비웃는 것처럼 느껴집니다.

고통스러운 24년의 결혼생활이 종착지점으로 다가갈수록 스탠리 하우어워스의 아내는 다른 남자와 결혼을 해야 하니 이혼해 달라고 억지를 쓰는 일들이 늘어가기 시작했습니다. 스탠리 하우어워스는 당시 가톨릭대학인 노틀담대학의 교수로 있었고 교수들 중에는 신부들이 많았는데, 그 교수들 중 한 명인 신부의 집으로 가서 그와 결혼해야 하니 이혼해 달라는 억지를 부리기도 했습니다.

더 이상은 버틸 수 없고 아내를 놓아 보내지 않을 수 없다고 느낀 스탠리 하우어워스는 결국 아내를 놓아 주지 않을 수 없게 됩니다. 24년을 견뎠음에도 더 이상 결혼생활을 유지할 수 없었던 스탠리 하우어워스는 그렇게 아내를 놓아준 이후 새로운 아내를 만나 24년보다 더 긴 시간을 행복하게 살고 있습니다.

제가 스탠리 하우어워스의 삶을 소개한 이유는 그의 삶이 해피엔딩(그의 인생은 아직 진행형이지만)이라거나 결국은 모든 것이 잘되었다는 이야기를 하려는 것이 아닙니다. 참고 견디면 복을 받는다는 말을 하려는 것도 아닙니다.

우리 모두가 삶에 대한 고민을 안고 살아갑니다. 그리스도인인 우리는 우리 삶의 결말이 어떠할지도 알고 있습니다. 그것은 해피엔딩입니다. 해피엔딩이라는 말 정도로 형언할 수 없을 만큼 영광스러울 것입니다. 우리가 상상하는 것과 비교할 수 없는 영광스러운 엔딩이 기다리고 있습니다. 그리스도인은 그런 소망, 그런 영광의 소망을 가지고 살아가는 사람입니다. 그런 소망으로 오늘을 견디기도 합니다. 그러나 현실의 문제는 그리 간단하지 않습니다. 우리의 현실은 스탠리 하우어워스가 견딘 24년의 세월만큼 혹독하거나 그 이상일 수도 있습니다. 결코 녹록지 않습니다.

물론 우리의 기독교적 소망이 정상적으로 작동할 때, 장차 맞이할 영광의 소망이 그리스도인의 의식 속에서 정상적으로 작동할 때, 그 소망은 현재라는 고통스러운 과정을 충분히 감당하게 해 줍니다. 이것은 꿈같은 소리도 아니고, 궤변도 아닌 사실입니다.

그러나 우리의 소망은 비뚤어진 채 작동할 때가 너무 많습니다. 그럴 때 우리는 현재라는 과정을 왜곡하게 되고, 그 속에서 고통스러워합니다. 삶에 대한 자세에 심각한 장애가 발생합니다. '이 고통스러운 현실을 어떻게 직면해야 되지?' '끝없는 터널처럼 도저히 해결될 것 같지 않은 이 상황을 어떻게 벗어나야 하지?'라고 생각하는 것입니다.

제가 스탠리 하우어워스의 이야기를 소개한 것은 바로 이런 인생의 과정에 우리의 시선을 집중시키려는 것입니다. 그가 "그리스도인으로 사는 것은 답 없이 사는 법을 배우는 과정"이라고 말한 대로, 결말이 아니고 과정 말입니다. 그것이 지금 여기서 살아가고 있는 우리 인생의 현실입니다. 그러한 현실은 초등학생부터 어르신에 이르기까지 모두가 경험하는 것입니다. 그리고 그 과정은 한마디로 '답 없이 사는 것을 배우는 과정'입니다.

'마라' 같은 삶

욥을 생각해 봅시다. 욥의 고난에 대해 말하는 많은 사람이 대부분 "여호와께서 욥의 말년에 욥에게 처음보다 더 복을 주시니"(욥 42:12)라는 구절에 초점을 맞춥니다. 우리는 "결국 잘됐잖아. 그럼 됐지 뭐."라고 결론짓고 싶어합니다. 맞습니다. 욥의 인생은 결국 잘되었습니다. 하지만 그 '결국'이 오기까지의 수많은 세월도 중요하지 않습니까?

요셉도 고생 끝에 결국 총리가 되었습니다. 다니엘도 결국 잘됐습니다. 하지만 형들한테 팔려서 노예로 살아간 세월, 강간미수범으로 몰려 감옥에 들어간 순간, 다른 나라의 포로로 끌려가 사자의 먹잇감으로 던져졌던 일들을 생각해 보십시오. 인생이 꼬여도 이렇게 꼬일 수 있습니까?

인생을 살다 보면 이런 일들이 일어납니다. 드라마나 소설, 만화에서만 일어나는 일이 아니라 우리 인생에도 그러한 일들이 일어날 수 있습니다. 이것은 꿈같은 소리가 아니라 현실입니다.

우리가 살펴볼 나오미의 이야기도 마찬가지입니다. 룻기에 등장하는 나오미는 가족들과 모압으로 이민을 간 여성입니다. 이민을 갈 때 그녀에게는 멋지고 유능한 남편도 있었고, 든든하게 키울 두 아들도 있었습니다. 그러나 그곳에서 남편과 두 아들을 잃고 청상과부가 된 젊은 며느리들을 데리고 다시 고향으로 돌아가기로 결정했습니다. 모압에 꿈을 안고 이민을 갔던 여인이 망하여 빈털터리 신세로 역이민을 결정하고 돌아온 것입니다. 그렇게 고향 베들레헴으로 돌아온 후에 벌어지는 그녀의 이야기가 룻기입니다.

하지만 우리는 이처럼 슬프고 힘든 과정에 대한 이야기보다 룻기 4장 13절 이후에 결국 나오미가 손자를 얻게 되는 이야기, 결국은 잘되었다는 이야기에 초점을 맞추는 경향이 있습니다. 우리가 흔히 듣는 많은 간증도 대체로 그렇지 않습니까? "어려움이 있었지만 열심히 기도했더니 하나님께서 이렇게 좋은 날을 주셨습니다." 혹은 "힘든 세월을 보냈지만 하나님이 은혜를 베푸셔서 이런 복된 날을 주셨습니다." 하는 식으로 대다수의 사람들이 결론에 주목합니다. 많은 사람이 그렇게 생각하는 데 익숙합니다.

그러나 성경에 기록된 내용 대부분이 '과정'이라는 사실을 아십니까? 성경에는 과정에 대한 이야기가 가득합니다. 결론을 사소하게 여긴다거나 별로 중요하지 않게 생각하기 때문이 아닙니다. 성경은 이 땅에서 거친 인생을 살아가는 하나님의 자녀들을 위해 기록된 책이기에 '과정'을 사소하거나 가볍게 처리하지 않습니다. 이것은 우리에게 큰 위로입니다. 우리의 삶이 걱정거리 없고, 근심거리 없고, 염려할 것이 없다면 날마다 좋은 이야기만 하며 살 수 있겠지만 그런 인생은 하나도 없기 때문입니다.

이 땅을 살아가는 하나님의 자녀들에게 소망은 정말 중요합니다. 그러나 유감스럽게도 소망은 지금 당장 우리에게 실현된 것이 아닙니다. 그런 상황에서 우리가 현재를 살아가고 있다는 사실을 성경은 매우 현실적으로 말합니다.

물론 히브리서 11장 1절에서 "믿음은 바라는 것들의 실상"이라고 이야기한 것처럼 믿음은 장래의 것을 현재에 누리게 합니다. 눈에 보이지도 않고 너무 멀리 있는 것 같은 소망을 앞당겨서 지금 당장 내가 맛보고 경험하는 것으로 만들어 준다는 의미에서 믿음은 정말 놀라운 것입니다.

그러나 그 믿음도 우리가 두 발을 딛고 살아가는 현실을 회피하거나 부인하게 하지는 않습니다.

이 과정을 살아가는 우리에게는 믿음이 흔들릴 때가 너무나 많이 있습니다. 우리의 이런 연약함을 아시는 하나님께서는 성경에서 과정으로서의 삶에 대한 이야기를 가볍게 생략해 버리지 않으셨습니다.

그래서 성경은 욥의 고난을 말할 때도, 룻기의 이야기에서도 그 과정에 관심을 가집니다. 창세기부터 요한계시록까지 성경 전체를 하나의 이야기로 볼 때도 마찬가지입니다. 요한계시록에서 마귀와 짐승과 거짓 선지자가 불과 유황 못에 던져지고(계 20:10) 새 하늘과 새 땅, 그리고 새 예루살렘의 영광스러운 해피엔딩이 나타나기 전까지는(계 21-22장) 창세기 3장의 범죄가 있고, 십자가가 존재하고, 이 세상 주관자들과 싸우는 싸움이 있습니다. 그리스도인들은 날마다 자기를 부인하며 정욕과 탐심을 십자가에 못 박으면서 사탄과 싸우는 영적 전투를 벌여야 합니다. 우리는 지금 그러한 현실의 과정을 살아가는 것입니다.

인생은 종종 경주에 비유됩니다. 경주는 고단한 과정입니다. 결승선에 이를 때까지 외롭고 긴 싸움을 해야 합니다. 100미터 단거리 경주가 아닌 마라톤을 생각해 봅시다. 마라톤 선수들이 도중에 '그만둘까?' 하는 생각을 몇 번이나 할까요? '어차피 순위 안에 들지 못할 테니 그만두자.'라는 생각을 하는 선수들도 있지 않을까요?

룻기 초반에 등장하는 나오미는 그녀의 이름에 걸맞은 삶을 살지 못합니다. 그녀의 이름은 '기쁨', '즐거움'이라는 뜻을 가졌습니다. 하지만 그녀는 하나도 즐겁지 않고, 하나도 기쁘지 않은 삶을 살았습니다.

세상적인 관점에서 그녀는 실패자였습니다. 그녀의 삶을 설명해 주는 것은 그녀의 이름이 의미하는 '즐겁다', '유쾌하다'가 아니라 고통과 쓰라림과 비통함을 의미하는 "마라"였습니다(룻 1:20). 출애굽기에도 등장하는 이 말은 이스라엘 백성이 '쓴 물'을 만났을 때 그곳에 붙여졌던 지명이기도 합니다(출 15:22-27). 인생의 심한 실패를 맛본 그녀에게는 '나오미'보다는 '마라'가 더 걸맞은 이름 같았습니다.

룻기의 결론에 가서야 나오미는 자신의 이름으로 설명될 수 있는 인생을 만나게 됩니다(룻 4:15-17). 하지만 거기에 이르기까지 삶의 현실과 과정은 마라였습니다. 어쩌면 우리도 나오미와 비슷한 경험을 하며 살아갈지 모릅니다. 이와 같이 나오미의 삶은 신자의 삶을 너무나 잘 보여 줍니다.

이러한 성경의 논조는 시편 기자의 고백에서도 발견됩니다. 시편 73편을 기록한 아삽은 악인들이 형통하는 것을 보고 시험에 들었습니다. 악인들에게 고난도 없고 재앙도 없었습니다. 심지어 세상에서 승승장구하는 그들의 모습을 보며 시인은 한탄했습니다. 하나님을 신실하게 섬기고 경건하게 살고자 하는 자신의 인생은 초라한데, 도리어 불경건하고, 하나님을 우습게 여기고, 자기 멋대로 사는 사람들은 승승장구하고, 아프지도 않고, 자식들도 잘되는 현실을 도저히 이해하고 받아들일 수 없었습니다. 하지만 그는 다음과 같이 고백합니다. "하나님의 성소에 들어갈 때에야 그들의 종말을 내가 깨달았나이다"(시 73:17).

그는 성소에 들어가 하나님 앞에 섰을 때 비로소 알게 되었습니다. 그러나 이것은 인생의 결론에 해당하는 말입니다. 우리도 훗날 이렇게 말할 것입니다. 이 땅의 삶을 마치고 하나님을 만나게 되면 모든 비밀이 다 풀릴 것입니다. 그토록 힘들어했던 고민들, 안고 씨름했던 수수께끼 같은 문제들이 모두 풀릴 것입니다. 이 세상을 사는 동안 이해할 수 없었던 모든 부조리와 악의 문제들, 개인적인 차원뿐 아니라 사회적인 차원, 국가적인 차원, 세계적인 차원에서 일어나는 문제들까지 다 풀리게 될 것입니다. 공의로우신 하나님께서 모든 것을 그분의 공의에 따라 심판하실 것이기 때문입니다. 그때는 '왜?'라고 질문할 필요가 없을 것입니다.

모든 것의 결국이 다 드러날 것이기 때문입니다. 드러나지 않는 것이 하나도 없을 것입니다. 이 세상을 사는 동안에는 수없이 많이 감추어지고, 드러나지 않고, 우리가 알지 못하는 영역이 넘쳐나지만 최후 심판의 날에는 다 드러날 것입니다. 우리의 의문도 모두 해결될 것입니다. 하나님께서 모든 것을 다 설명해 주시기 때문이 아닙니다. 욥이 경험했듯이 하나님께서 우리에게 나타나시면, 우리가 하나님을 뵈옵게 되면, 그로써 모든 의문이 다 해결될 것입니다. 하나님 자신이 모든 것의 답이 되시기 때문입니다.

답 없는 인생

당신은 "답 없이 사는 것을 배우는 과정이 그리스도인으로 살아가는 삶이다."라고 한 스탠리 하우어워스의 말에 얼마나 공감하십니까? 당신은 그의 말처럼 답 없이 사는 것을 배우고 있습니까? 답 없는 삶에 익숙해지고 있습니까? 당신의 인생에 질문이 있습니까? 그에 대한 답을 얻었습니까? 딱 떨어지는 대답을 발견했습니까? 기도로 정답을 알아냈습니까?

그런 대답을 여전히 듣지도 못했고 알지도 못한 채 살아가는 것이 우리의 인생입니다. 기도 많이 하는 사람, 믿음 좋은 사람은 그 대답을 다 알고 가는 것일까요? 그렇다면 욥과 요셉은 자신의 고난에 대한 모든 답을 가지고 그 긴 고난의 세월을 지냈던 것일까요? 천만의 말씀입니다. 어떤 면에서 많은 질문을 가지고도 하나님의 분명한 답을 얻지 못하고 살아가는 것 자체가 고난입니다.

우리는 욥기가 고난의 책이라는 사실을 잘 알고 있습니다. 또한 욥기는 질문으로 가득한 책입니다. 그야말로 질문 투성이 책입니다. 욥의 세 친구는 욥의 질문에 계속 답을 주려고 했지만 아무도 제대로 된 답을 내놓지 못했습니다. 어쩌면 그들은 자기들이 인생의 답을 잘 알고 있다고 생각했을지 모릅니다. 그들의 인생은 그러한 답으로 충분히 설명되었기 때문일까요? 사실 우리도 욥의 친구들 같은 실수를 많이 하고 살아갑니다. 우리 주변의 어떤 사람이 고난을 당하면 우리는 나름의 대답을 주려고 무던히 애를 쓰지 않습니까? 욥기는 처음부터 끝까지, 거의 끝까지 정답 없는 인생을 현실적으로 보여 주는 책입니다. 욥기만 그런 것이 아닙니다. 아브라함, 모세, 선지자들의 삶이 다 그러합니다.

시간이 부족해서 다 열거할 수 없을 뿐입니다. 다만 지금부터 우리는 나오미의 삶에 초점을 맞출 것입니다.

나오미의 인생역정(人生歷程)

룻기 1장은 나오미의 가족을 소개하고 그들이 어떻게 모압으로 이민을 가게 되었는지, 그리고 모압에서 겪은 비극적인 삶이 어떠했는지를 이야기해 줍니다.

룻기의 배경은 사사 시대입니다. 이스라엘 역사에서 영적으로 가장 암울했던 시기입니다. 모두가 하나님의 뜻이 아닌 자기 마음대로, 자기 좋은 뜻대로 살던 때였습니다. 사사기의 마지막 구절이 표현한 대로입니다. "그때에 이스라엘에 왕이 없으므로 사람이 각기 자기의 소견에 옳은 대로 행하였더라"(삿 21:25). 그들은 신앙생활을 안 한 것이 아닙니다. 요즘말로 표현하자면, 정기적으로 주일마다 예배당에 나가서 예배를 드렸지만 사는 것은 자기 마음대로였습니다. 하나님의 말씀이 그들의 삶에 거의 영향을 미치지 못했습니다. 예배당에 나가는 것 말고는 단 한 군데도 그리스도인임이 드러나지 않는, 자기 마음대로 사는 삶이었습니다. 그런 시대, 그런 사회에 심한 기근이 오면서 경제적 위기가 몰아닥치게 되었습니다.

룻기 1장 2절에는 나오미의 남편 엘리멜렉이 소개됩니다. 그는 가족과 함께 경제적으로 어려운 베들레헴을 떠나 모압으로 이민을 가기로 결심했습니다. 요단강 건너 모압 북부 지방에 가면 먹고 살 수 있을 것이라고 판단한 것입니다. 아마도 엘리멜렉은 판단력이 빠르고 가장으로서의 책임을 잘 감당하는 유능한 사람이었던 것으로 보입니다. 그는 무능하게 앉아서 가정을 부양하지 못하는 가장이 아니었습니다. 어쩌면 이런 남자를 만나 결혼한 나오미는 베들레헴 처녀들의 모든 부러움을 한 몸에 받았을지도 모릅니다. 엘리멜렉은 '이런 사람과 결혼하면 평생 고생하지 않겠다'고 생각할 만한 남자였습니다. 한마디로 나오미는 좋은 배우자를 만나 결혼을 잘한 여인이었습니다.

또한 엘리멜렉의 이름은 그 부모의 경건함을 암시합니다. '엘리멜렉'은 '나의 하나님은 왕이시다.'라는 뜻이기 때문입니다. 사사 시대가 사람들이 자기의 소견에 옳은 대로 행하는 시대, 즉 자기 자신이 왕인 시대였다는 점을 생각하면 신앙고백적 의미를 담은 엘리멜렉이라는 이름은 그의 부모의 신앙과 경건을 보여 주기에 충분합니다. 추측컨대 엘리멜렉은 그 불경건한 시대에 경건한 부모님 아래에서 성장한, 믿음이 좋은 사람이었을 것입니다. 여호수아가 "오직 나와 내 집은 여호와를 섬기겠노라"고 말한 것처럼(수 24:15), 견고한 믿음의 가정에서 성장한 훌륭한 신랑감이었을 것입니다.

엘리멜렉과 결혼할 때까지만 해도 나오미는 아마도 자신의 삶이 자신의 이름처럼 흘러간다고 생각했을 것입니다. 인생이 즐겁고 유쾌했을 것입니다. '나오미'라는 이름이 '유쾌함, 즐거움, 기쁨'을 뜻하지 않습니까? 아마도 그녀의 부모는 '너는 우리의 기쁨이야.'라는 뜻에서, 그리고 '기쁨이 되는 삶을 살아라.'라는 뜻에서 나오미라는 이름을 지어 주었을 것입니다.

나오미와 엘리멜렉은 결혼 후 두 아들 말론과 기룐을 낳았습니다. 룻기는 베들레헴에 살던 이 네 식구가 기근을 피해 모압으로 이민을 가는 이야기로 시작합니다. 그들의 출발은 나쁘지 않았습니다. 모압으로 가는 마음에 두려움이 없지는 않았겠지만 더 큰 희망을 보았을 것입니다. 마치 1970년대에 미국으로 이민을 간 사람들이 아메리칸 드림을 꿈꾸었던 것처럼 말입니다.

그런데 진짜 이야기는 모압에 가서부터 시작되었습니다. 모압에 가서 살기 시작한 지 얼마 되지 않았을 때 나오미의 유능한 남편이자 집안의 가장인 엘리멜렉이 죽습니다. 너무도 끔찍한 일이 일어난 것입니다. 나오미는 졸지에 어린 두 아들을 이국땅에서 홀로 길러야 하는 슬픈 여인, 싱글맘, 워킹맘이 되었습니다. 일반적으로 능력 있는 남편과 함께 사는 부인들은 세상물정에 밝지 못하고, 많은 것이 서툽니다. 나오미도 그랬을 것이라고 짐작할 수 있습니다. 그럼에도 불구하고 나오미는 하나님의 은혜로 자기 나라도 아닌 외국에서 두 아들 말론과 기룐을 잘 길렀고, 모압 여인들과 결혼도 시켰습니다.

여기까지는 그런대로 괜찮습니다. 진짜 불행한 일은 결혼한 지 얼마 되지 않았던 두 아들이, 하나도 아니고 둘이 다 죽게 된 것입니다. 사고가 있었던 것일까요? 성경은 그들의 죽음에 대해서 자세하게 설명하지 않습니다. 모압으로 이주한 지 10년쯤 되었을 때 일어난 일로 보입니다. 이민 생활 10년 동안 나오미는 타국에서 남편을 잃었고, 두 아들을 잃었습니다. 그리고 과부 셋이 남았습니다. 그나마 며느리들은 모압 여인들이었으니 그곳에 가족들이 있지만, 나오미는 그야말로 피붙이 하나 없이 외국 땅에서 며느리들을 데리고 살아가야 하는 과부의 신세가 되었습니다. 엘리멜렉과 결혼할 때, 그리고 기근이 심해서 모압으로 이민을 가기로 결정했을 때만 해도 자기 인생에 이런 일이 찾아올 것이라고는 상상조차 하지 못했을 것입니다. 하지만 이 엄청난 일들이 그녀의 현실이 된 것입니다.

당시 고대 근동의 결혼 관습으로 볼 때, 말론과 기룐이 죽었을 때의 며느리들의 나이는 많이 잡아도 20세가 채 되지 않았을 것입니다. 그토록 어린 며느리 둘을 데리고 피붙이 하나 없이 모압이라는 땅에서 살아야 했던 나오미는 결국 고향으로 돌아갈 결심을 하게 됩니다. 고향 베들레헴의 기근이 다 지나고 경제가 회복되어서 조금은 살 만해졌다는 이야기를 듣고 내린 결정일 것입니다.

이런 나오미의 상황은 룻기의 서론, 1장 1-5절에 매우 짧고 간단하게 기술되어 있지만 십수 년에 걸쳐 한 가정이 겪은, 가슴이 무너지는 것처럼 아픈 이야기입니다.

사실 이 이야기는 나오미만의 이야기가 아닙니다. 우리 인생에도 이런 일들이 일어납니다. 그래서 고난을 직면하게 될 때 우리는 종종 욥과 우리 자신을 동일시하곤 합니다.

그런 의미에서 우리는 나오미의 이야기 역시 남의 이야기로만 읽게 되지 않습니다.

나오미는 모압에서 슬픈 일들을 겪고 버거운 인생을 걸어갈 때, 어떤 질문들을 던지며 살아갔을까요? 하나님을 믿는 그녀에게는 자기 인생에 관하여 하나님께 묻고 싶은 많은 질문이 있었을 것입니다.

"우리가 기근을 피해 모압으로 온 것이 잘못이었나요?"

"남편 엘리멜렉을 왜 그렇게 젊은 나이에 데려가셨나요? 꼭 그렇게 하셔야만 했나요?"

"말론과 기룐, 두 아들은 왜 데려가셨습니까? 결혼하고 얼마 되지도 않은 아이들을 꼭 데려가야만 하셨습니까? 차라리 결혼 전에 데려가시지 왜 며느리들까지 그런 슬픔을 겪게 하셨나요?"

"하나님, 제 인생은 왜 이렇게 슬프고 고통스러운 거죠?"

"이제 저는 남은 세월을 어떻게 살아가야 합니까?"

"하나님께서 제 인생을 돌보고 계신 것이 맞나요? 하나님은 정말 선하신 하나님이 맞습니까?"

이런 질문들에 대해서 하나님이 나오미에게 어떤 대답을 주셨을까요? 분명 아무 대답도 주시지 않았을 것입니다. 우리 삶도 마찬가지입니다. 우리도 고통스러운 현실 속에서 이와 비슷한 질문들을 던져 보지만, 대개의 경우 하나님께서 주시는 정확한 대답을 알지 못한 채 살아갑니다. 답 없이 살아가는 것입니다.

답 없이 사는 것 배우기

결국 이 답 없는 삶에서 나오미는 고향으로 돌아가기로 결심합니다. 하나님께서 자기 백성을 돌보사, 양식을 주셨다는 소식을 들었기 때문입니다. 어차피 가난하게 사는 인생인데, 기왕이면 고향으로 돌아가서 사는 게 낫겠다고 생각했을지 모릅니다. 고향에 돌아간다고 해서 뾰족한 수가 있는 것은 아니었지만 어쨌든 먹고 살 수는 있을 것이라 생각하며 고향으로 돌아가기로 결심했습니다.

처음에는 두 며느리가 시어머니 나오미와 함께 유다 땅을 향해 출발했던 것 같습니다. 하지만 나오미의 마음에, 어린 며느리들이 자신을 따라 이국땅으로 가서 고생하게 되는 것이 마음에 걸렸습니다. 그래서 나오미는 며느리들에게 이렇게 말했습니다.

너희는 각기 너희 어머니의 집으로 돌아가라. 너희가 죽은 자들과 나를 선대한 것같이 여호와께서 너희를 선대하시기를 원하며 여호와께서 너희에게 허락하사 각기 남편의 집에서 위로를 받게 하시기를 원하노라(룻 1:8-9).

당시에는 형이 죽으면 동생이 형수를 취하여 가문을 잇게 하는 수혼법(嫂婚法, Levirate Law)이 있었습니다. 그러나 나이든 시어머니가 재혼을 하고 아들을 낳아 그녀들의 남편으로 준다는 것은 불가능한 일이었습니다. 한마디로 어린 며느리들에게는 어떤 소망도 없었습니다. 그래서 나오미는 '이 아이들이 무슨 죄가 있나? 나 혼자 돌아가야지.' 생각했을 것입니다. 하지만 각자 어머니의 집으로 돌아가서 재혼하여 편안하게 살라는 시어머니 나오미의 말을 들은 며느리들은 이렇게 대답합니다. "아니니이다. 우리는 어머니와 함께 어머니의 백성에게로 돌아가겠나이다"(룻 1:10).

갓 스물이나 되었을 어린 며느리들이 자기의 시어머니, 그 역시 과부인 시어머니에게 하는 말은 정말 아름답고 눈물겹습니다. 며느리들은 이렇게 자기들을 생각해 주면서 의지할 데 없이 혼자 돌아가겠다고 말하며 이별의 입맞춤을 하는 시어머니를 보며 소리 높여 울었습니다. 어머니의 간곡한 말에 결국 큰며느리 오르바는 시어머니에게 입맞추고 모압으로 돌아가기로 결정합니다. 그러나 둘째 며느리 룻은 시어머니의 고집을 이깁니다.

> 내게 어머니를 떠나며 어머니를 따르지 말고 돌아가라 강권하지 마옵소서. 어머니께서 가시는 곳에 나도 가고 어머니께서 머무시는 곳에서 나도 머물겠나이다. 어머니의 백성이 나의 백성이 되고 어머니의 하나님이 나의 하나님이 되시리니 어머니께서 죽으시는 곳에서 나도 죽어 거기 묻힐 것이라. 만일 내가 죽는 일 외에 어머니를 떠나면 여호와께서 내게 벌을 내리시고 더 내리시기를 원하나이다(룻 1:16-17).

정말 감동적인 말 아닙니까? 룻의 이 고백은 그녀가 이미 하나님을 아는 신앙과 경건의 영향 아래 들어와 있다는 것을 감지하게 합니다. 나오미와 룻이 베들레헴으로 돌아오자 온 성읍이 떠들썩해졌습니다. 오래전에 나오미를 알았던 사람들은 "이 사람이 나오미라고?" 하는 반응을 보였습니다. 물론 세월이 흘러 나이를 먹었으니 예전의 모습은 아니었겠지만, 오랜 세월 모압에서 고통의 시간을 보내고 돌아온 나오미의 모습은 그녀를 기억하는 사람들을 놀라게 하기에 충분했을 것입니다. 그녀가 겪어 온 고통스러운 세월이 고향을 떠나기 전의 즐겁고 유쾌한 얼굴, 밝고 행복한 그녀의 얼굴을 완전히 바꾸어 놓았을 것이기 때문입니다. 아마도 나오미의 마음과 얼굴에는 패자의 그림자가 드리워져 있었을 것입니다. 그래서 나오미는 이렇게 대답합니다.

나를 나오미라 부르지 말고 나를 마라라 부르라. 이는 전능자가 나를 심히 괴롭게 하셨음이니라. 내가 풍족하게 나갔더니 여호와께서 내게 비어 돌아오게 하셨느니라. 여호와께서 나를 징벌하셨고 전능자가 나를 괴롭게 하셨거늘 너희가 어찌 나를 나오미라 부르느냐(룻 1:20-21).

나오미의 이 말은 룻기에서 중요한 부분입니다. "나는 나오미가 아니라 마라다. 내가 살아온 인생은 즐거움과 기쁨이 아니라 슬픔과 고통, 비통함을 의미하는 마라다."라는 고백입니다. "풍족하게 나갔다가 비어서 돌아오게 되었다"는 나오미의 말은 참으로 가슴 아린 고백입니다.

얼마나 많은 인생이 이런 경험을 하며 살아가는지 모릅니다. 지금도 그렇지만 당시에도 이민은 그렇게 쉬운 결정이 아니었을 것입니다. 낯선 땅, 낯선 나라에 가서 산다는 것은 쉽지 않은 일입니다. 어느 정도의 도전 정신이 있지 않고서는 결정하기 어려운 일입니다. 그런 상황에서 마을 사람들의 부러움을 사며 유능한 남편을 만나 결혼했던 나오미는 아마도 사람들의 부러움 속에서 이민을 갔을 것입니다. 하지만 역이민으로 돌아온 나오미의 모습은 슬프고, 외롭고, 실패한, 나이든 과부였습니다.

다른 한편으로 나오미의 이 슬픈 고백 속에는 하나님의 주권과 섭리에 대한(그것이 부정적이든 긍정적이든) 신앙이 서려 있습니다. 나오미가 어떤 생각으로 그 말을 했는지 단정하기는 어렵지만, 자신의 고통스러운 삶이 하나님의 주권과 섭리 안에 있다는 것을 인식하고 있다는 것은 분명합니다. 그녀는 자신이 재수가 없어서, 혹은 사기를 당해서 망했다고 이야기하지 않습니다. 자기 인생에 대한 수없이 많은 질문을 던져 보지만, 그 모든 일을 행하신 분이 하나님이라는 것 말고는 다른 대답을 가질 수가 없었기에 그녀는 "하나님이, 여호와께서, 전능자가"라고 말하는 것입니다.

이어지는 룻기 2장과 3장은 베들레헴으로 돌아온 두 과부, 시어머니와 며느리인 나오미와 룻이 이삭줍기를 하는 빈민의 삶을 보여 줍니다. 그리고 이것은 보아스를 만나게 되는 이야기로 이어집니다. 고향으로 돌아왔지만 여전히 남의 밭에 가서 버려진 이삭을 주워먹어야 하는 가난한 현실의 삶, 룻기는 이런 인생의 과정에 계속 초점을 맞춥니다.

이것이 우리가 룻기에서 보는 나오미의 인생역정입니다. 그녀의 삶은 답 없이 사는 삶을 배우는 것이었습니다. 물론 배운다는 생각조차 못했겠지만 말입니다. 그녀는 그저 막막한 현실을 답 없이 살아갔습니다.

놓치지 말아야 할 질문

나오미의 인생역정에 중요한 영적 교훈이 있습니다. 그리고 그 교훈을 생각하기 전에 견지해야 하는 중요한 질문이 있습니다. 그것은 바로 '답 없이 사는 삶에서 하나님을 믿는다는 것이 무엇을 의미하는가?'입니다. 예수를 안 믿는다고 해서 삶에 답을 가지고 있는 것은 아닙니다. 하지만 하나님을 믿는 우리는 이런 질문을 멈추어서는 안 됩니다. '답 없는 인생에서 믿음이 어떻게 일하는가? 답 없는 내 인생에서, 그리고 나오미의 삶에서, 룻의 삶에서 믿음은 무슨 일을 하는가? 믿음이 있는 사람과 믿음이 없는 사람의 답 없는 인생에 믿음이 어떤 차이를 가져오는가? 우리 삶에서 믿음이 어떤 의미를 가지는가?'라고 우리는 물어야 합니다.

신앙생활을 할 때 질문을 가지는 것은 중요합니다. 명확한 답을 가져야만 한다는 뜻이 아닙니다. 딱 떨어지는 답이 나온다는 말을 하려는 것도 아닙니다. 그럼에도 불구하고 우리는 하나님께 이런 질문들을 물으며 살아야 합니다. 이 질문을 가진 사람들은 '언젠가' 그 답을 만나게 될 것입니다.

수수께끼 같고 답 없는 인생을 살아가면서 어떻게 질문을 던지지 않을 수 있겠습니까?

'내 인생에 왜 이런 일이 일어나는가?'

'왜 하나님께서 나를 이런 인생으로 데려가시는가?'

'하나님의 뜻은 도대체 어디에 있는 것인가?'

'이런 상황에서 어떻게 하는 것이 믿음으로 반응하는 것인가?'

우리는 하나님께서 언젠가 대답하실 거라는 소망을 가지고 이 질문들을 던지며 살아갑니다.

이 질문들을 가지고 하나님을 만나는 것이고, 이 질문들을 가지고 하나님께서 이끌어 가시는, 우리 앞에 펼쳐지는 인생을 살아가는 것입니다.

그때가 언제가 될지는 모르지만, 하나님께서는 우리 인생에 그 답을 알아가는 여정을 허락하실 것입니다. 아무런 질문도 없이 마치 답을 알고 있기나 한 것처럼 살아가는 삶은 위험합니다. 정답을 갖고 살아간다고 스스로 생각하는 사람은 뒤늦게 이런 질문들을 던지게 될 현실을 만나게 될지도 모르기 때문입니다.

사실 질문을 가진다는 말은 기도한다는 말입니다.

기도는 "하나님, 이걸 주세요, 저걸 주세요, 그것이 필요합니다."라고 요청하는 것만이 아닙니다. 인생을 살면서 그 누구에게도 물어볼 수 없는, 어떤 목사도, 어떤 선생도, 어떤 현자도 대답해 줄 수 없는 것을 하나님께 나아가 묻는 것입니다.

이렇게 답 없는 인생을 허락하심으로써 하나님께서는 하나님을 향해 닫힌 우리의 말문을 여십니다. "하나님 이게 뭡니까?"라고 하나님께 말하게 하십니다. 질문하게 하십니다. 이것이 기도입니다.

억지로 문제를 찾지 말라

나오미의 인생에서 배울 수 있는 소극적 차원의 교훈이 있습니다. 그것은 나오미 같은 삶을 산다고 해서 뭔가 문제가 있는 게 아니라는 것입니다. 이 관점은 중요합니다. 사람들은 나오미 같은 삶을 실패한 삶이라고 판단합니다.

하지만 그런 삶을 산다고 해서 반드시 문제가 있는 것은 아닙니다. 그런 삶이 실패한 삶이라고 쉽게 단정할 수도 없습니다. 우리에게는 어떤 일이 생각대로 풀리지 않으면 그 이유와 원인을 찾아내려는 성향이 있습니다. 인생이 순탄하게 흘러가지 않는 사람을 보면서 '저 사람은 왜 저렇게 고생을 하는 거지?'라는 의문과 함께 그에게 뭔가 문제가 있을 거라고 생각합니다. '저 사람 예수 잘 믿는 척하더니, 하나님께 매 맞는 것을 보니 뭔가 문제가 있는 사람이야.'라는 식으로 생각하고 말하는 것입니다. 그래서 훗날 그런 삶이 자신의 것이 될 때 사람들은 수치감을 느낍니다.

물론 하나님은 하나님의 자녀들이 범죄할 때 그들을 징계하시고 교정하십니다. 그런 점에서 하나님의 징계를 받을 때 우리가 자신의 죄를 찾아 회개하는 것은 중요한 일입니다. 그러나 성경은 인생의 문제를 그렇게 일차원적으로만 접근하고 설명하지 않습니다. 우리는 고난 속에서 '내가 하나님께 잘못한 것이 있나?' 돌아보고, 생각하고, 범죄한 일들을 찾는 동시에 그것이 인생의 고난을 대하는 유일한 접근 방법이 아니라는 사실도 기억해야 합니다.

하나님께서는 그분의 주권과 섭리 안에서 당신의 자녀들을 사랑하시고, 그 사랑 때문에 때로는 자녀들에게 고난도 허락하십니다. 스페이커르(Willem van't Spijker)는 『기도 묵상 시련』(Bidden om te Leven)에서 이렇게 말합니다.

> 계속해서 우리는 싸움(하나님께서 나를 적대하시는 것처럼 느껴지는) 속에 내던져집니다. … 주님께서 우리를 깨우시지 않는다면 우리는 나태함에 빠질 것입니다. 주님께서는 우리에게 주시는 시련으로 우리를 깨우십니다(괄호 안은 저자 삽입).[3]

존 칼빈의 표현을 많이 차용한 스페이커르의 이 말은 마라 같은 인생을 살아가는 신자들에게 얼마나 위로가 되는지

---

3 빌럼 판 엇 스페이커르, 황대우 역, 『기도 묵상 시련 : 루터와 칼빈이 말하는 참 신앙의 삼중주』(그책의사람들, 2012), p.224.

모릅니다. 당신의 삶에 지금 당신을 고통스럽게 하는 일과 질문투성이의 답 없는 상황이 있다는 것은 당신에게 무슨 문제가 있다는 증거가 아닙니다.

룻기를 자세히 읽어 보십시오. 룻기는 엘리멜렉의 죽음이나 말론과 기룐의 죽음이 그들의 죄악 때문이라고 말하지 않을 뿐 아니라, 엘리멜렉의 가족이 모압으로 가기로 한 결정에 대해서도 그 잘잘못을 명시적으로 말하지 않습니다.

어떤 사람들은 기근을 피해 이스라엘을 떠난 것은 하나님이 주신 기업을 떠난 것이므로 잘못이라고 이야기합니다. 하지만 그렇게 판단할 수 있는 명시적 근거는 없습니다. 오히려 룻기는 엘리멜렉의 가족이 그 암울했던 사사 시대에도 경건을 유지하고 살던 가족이었다는 사실을 보여 주고 싶어 하는 것 같습니다. 즉 성경은 우리의 고통스러운 모든 현실이 우리에게 문제가 있음을 증명한다고 말하지 않습니다.

복음은 마라를 이긴다

우리에게는 누구나 마라의 현실이 있습니다. 정도의 차이만 있을 뿐입니다. 인생을 살면서 단 한 번도 마라를 경험하지 않는 사람은 없습니다. 그런데도 우리는 성경의 가르침을 오해하여, 그러한 현실이 마치 자신에게 영적인 문제가 있는 증거라는 식으로 받아들이는 경우가 적지 않습니다.

우리에게 아무 문제가 없다는 이야기가 아닙니다.

우리는 모두 문제가 있는 사람들입니다. 우리는 하나님의 은혜로 구원을 받고 하나님의 자녀가 되는 권세를 누리고 있음에도 불구하고 여전히 우리 안에 내재하는 죄성과 싸워야 하는 존재입니다. 유혹 앞에 무너질 때가 얼마나 많은지 모릅니다.

그럼에도 불구하고 우리는 마라의 현실을 겪는 것이 자신에게 어떤 문제가 있기 때문에 하나님께서 벌을 내리시는 것이라는 식의 일차원적인 이해를 넘어서야 합니다. 그리고 성경이 가르치는 더 크고 풍성한 가르침을 배울 필요가 있습니다. '그래도 문제는 문제잖아.' 하는 생각을 가지게 되면 우리가 겪는 마라의 현실을 부끄러워하게 됩니다.

그래서 많은 그리스도인이 할 수만 있으면 자신이 가진 문제들을 숨기려고 하는 경향이 있습니다. 좀처럼 자신의 문제를 드러내려고 하지 않습니다. 잘되는 이야기만 하고 싶어합니다.

교회 안의 교제도 마찬가지입니다. 일주일에 한두 시간 만나는 상황에서 어느 누가 자신의 깊은 마라의 현실을 꺼내려 하겠습니까? 결국 모두가 잘되는 이야기, 행복한 이야기, 듣기 좋은 이야기, 부러움을 살 만한 이야기만 나누려고 합니다. 교회가 이런 경향으로 가득해지면 어떻게 복음 안에서의 결속과 성령 안에서의 하나됨과 진정한 코이노니아를 경험할 수 있을까요?

성경에 나오미 같은 사람들의 이야기가 기록된 이유는 그것이 바로 우리의 이야기이기 때문입니다. 이런 삶은 부끄러워하면서 숨겨야만 하는 이야기가 아니라는 것입니다.

세상 어디를 가도 사람들은 다 자기 자랑밖에 하지 않습니다. 그런데 교회에서조차 우리가 자기 자랑만 늘어놓는다면 교회가 어떻게 세상의 모임들과 구별될 수 있겠습니까? 허위로 가득한 세상에서 사람들이 관계를 맺고 살아가는 방식을 넘어서지 않는다면, 어떻게 우리가 복음 안에서 교제한다고 말할 수 있겠습니까?

만일 교회 안에서 마라의 현실을 나눌 수 없다면, 자신의 약점, 자신의 문제, 자신의 실패, 자신의 마라를 말하지 않는다면, 그러면서 현재가 아닌 화려했던 과거의 경험들만을 나누고 왕년의 나오미처럼 즐겁고 유쾌했던 시절만을 이야기한다면, 거기에는 진정한 현실이 없는 것입니다.

기독교 신앙은 결코 현실을 무시하지 않습니다. 기독교 신앙은 현실로부터 도피하는 것이 아닙니다. 버겁고 고통스러운 현실일지라도 그 위에 두 발을 딛고, 하늘을 바라보고, 하늘에 소망을 두는 것이 기독교 신앙입니다. 현실에 철저하게 기반하고 그 현실을 믿음으로 살아가는 것입니다. 이 땅 위에 두 발을 딛고 살아가며, 이 힘겨운 현실을 살아가야 하는 사람들에게 하는 이야기가 바로 복음입니다. 그래서 우리는 질문해야 합니다. '마라 같은 나의 삶에서 믿음으로 사는 것이 어떤 의미인지' 하나님께 물어야 합니다.

이 질문이 의미 있는 이유는 답이 있기 때문입니다.

복음은 그것을 설명합니다. 복음은 마라 같은 현실을 넉넉히 이기게 합니다. 복음이 지금 당장 우리가 맞닥뜨린 현실을 바꾸어 준다는 말이 아닙니다. 그럼에도 그리스도인은 복음 안에서 자신의 있는 모습 그대로를 드러내고 서로를 사랑하면서 살아갈 수 있습니다. 감출 것도, 숨길 것도 없습니다. 이것이 마라의 현실을 살아가는 법, 즉 답 없이 살아가는 법입니다.

그 안에서 우린 다 약자로 만나고 패자로 만납니다. 그러니 여기서 잘난 척하는 것은 좀 이상한 일이 아니겠습니까? 잘난 건 좀 숨겨도 괜찮습니다. 이것이 나오미 같은 현실을 살아가는 형제를 사랑하는 방식일지도 모릅니다. 우리는 다 나오미이고 룻입니다. 하지만 그녀들이 서로 사랑하며 함께했던 것처럼 부름 받은 것이 교회입니다. 두 과부, 나오미와 룻이 서로 사랑하면서 함께 인생을 살아가는 것, 이것이 교회입니다. 어머니가 있는 곳에 내가 있고, 어머니의 하나님이 나의 하나님이 되는 것이 교회입니다. 세상에서 가장 힘들다는 고부관계가 행복한 관계가 되는 것이 교회입니다.

질문하고 생각하는 삶

우리의 질문은 이것입니다. '답 없이 사는 삶에서 믿음이란 과연 무엇일까?'

믿음의 삶은 우리로 하여금 생각하게 만듭니다. 믿음을 가지고 산다는 것은 고통스러운 현실을 외면하거나 부인하는 것이 아닙니다. 생각하면서 사는 것입니다. 질문하는 신앙은 생각하는 신앙입니다. 고통스러운 삶을 살면서도 질문이 없다면, 그것은 생각하지 않는다는 말입니다. 우리는 자신에게 주어진 삶, 마라의 현실과 사건들 속에서 질문하고 생각하면서 살아가야 하는 존재입니다.

마라같이 고통스러운 현실을 살아가면서도 그리스도인은 포기하는 사람이 아니라 소망하는 사람입니다. 체념하는 것은 그리스도인의 몫이 아닙니다.

하나님께 질문하십시오. 계속 질문하십시오. 끈질기게 질문하십시오. 욥기가 우리에게 보여 주듯이, 그 욥처럼 하나님을 만날 때까지 계속해서 질문을 던지십시오. 하나님께서 당신에게 대답을 주실 때까지 질문을 포기하지 마십시오. 그리고 그 질문들을 교회 안에서 믿음의 식구들에게 말할 수 있는 용기를 가지시기 바랍니다.

때로는 당신이 던진 질문이 상처로 돌아오기도 할 것입니다. 그래도 포기하지 말고 계속하십시오. 그렇게 우리는 교회가 되어 갈 것입니다. 그런 믿음과 용기, 질문들이 교회를 세워 갈 것입니다. 답 없는 삶을 살아갈 때, 믿음은 우리로 하여금 질문을 하게 한다는 사실을 기억하십시오.

묵/상/을/위/한/질/문

1. 스탠리 하우어워스의 "그리스도인으로 사는 것은 답 없이 사는 법을 배우는 과정이다."라는 말에 공감하십니까? 당신이 공감하는 이유를 설명해 보십시오.

2. 당신의 삶에서 당신이 가진 질문들은 어떤 것들입니까? 하나님께 묻고 싶은 질문들이 무엇입니까? 생각나는 대로 적어 보십시오.

3. 2번의 질문들을 가지고 하나님 앞에 나아가는 것이 왜 중요하다고 생각합니까?

4. 1장 '답 없이 살아가기'를 읽으면서 당신 자신의 삶이나 당신 주변 사람들의 삶을 바라보는 당신의 시각에 대하여 배운 것이 있습니까? 그것은 무엇입니까? 삶을 바라보는 당신의 시각에 어떤 변화가 필요합니까?

그가 이르되 내 딸아 여호와께서 네게 복 주시기를 원하노라. 네가 가난하건 부하건 젊은 자를 따르지 아니하였으니 네가 베푼 인애가 처음보다 나중이 더 하도다.

_ **룻기 3:10**

2. 답 없이 사랑하기

- 보아스와 룻

공식을 가진 삶은 위험하다

 우리가 신앙생활을 하면서 가질 수 있는 위험한 경향은 신앙을 '공식화'하는 것입니다. 말하자면 이런 식입니다. "기도는 만사를 변화시킨다."라는 말을 들어 보셨습니까? 이것이 바로 공식입니다. 당신도 아마 이런 글귀가 적혀 있는 액자를 본 적이 있을 것입니다. 그러나 이러한 '공식'에 삶의 문제들을 대입하여 풀어 보려는 태도는 위험하고, 신앙에도 유해한 영향을 미치며, 건강하지도 않은 것입니다. 신앙은 공식으로 일반화될 수 없을 뿐 아니라 공식화될 만큼 굳어진 법칙으로 축소될 수 없기 때문입니다.

어떤 사람을 두고 "그 사람은 이런 성향이 있어."라고 말할 수는 있습니다. 하지만 "그 사람은 이런 사람이야."라고 단정하는 것은 위험하고 옳지도 않을 것입니다. 열 길 물속은 알아도 한 길 사람 속은 모른다는 옛말도 있는데, 깊고도 복잡한 사람을 어떻게 그런 단정적인 말에 가둘 수 있겠습니까? 하물며 주권자이신, 무한하고 영원하신 하나님과 하나님께서 행하시는 일을 우리가 특정 공식 안에 가둔다는 것이 얼마나 어리석은 일이겠습니까? 신앙을 공식화하는 것은 이토록 위험한 일입니다.

그럼에도 우리가 신앙을 공식으로 만드는 경우는 적지 않습니다. 예컨대 "성공은 하나님의 축복의 결과다." 이것도 일종의 공식입니다. 그럼 이 공식의 반대는 무엇일까요? "실패하는 사람은 신앙에 문제가 있는 사람이다."가 될 것입니다. 그래서 많은 사람이 학업이나 직장생활에서 좋은 성과를 얻으면 그것을 하나님께서 축복하신 결과라고 이야기하곤 합니다. 그러나 하나님이 축복하시지 않아도 잘되는 사람들이 있다는 사실을 아십니까? 성공이 저주가 될 수도 있다는 사실을 아십니까? 실패가 축복이 될 수 있다는 것을 성경이 증거하고 있다는 사실을 아십니까? 조금만 정직하게 생각하려고 한다면 우리는 이런 사실들을 깨달을 수 있을 텐데, 슬프게도 우리의 삶에서는 하나님을 공식에 가두는 일이 심심치 않게 일어납니다.

앞에서 저는 문제 있는 삶을 산다고 해서 그 사람에게 영적인 문제가 많은 것이 아니라고 말했습니다. 사람들이 "저 집은 왜 저렇게 고난이 많아?"라고 비아냥거린다고 해서 그 삶이 하나님이 버린 삶이 아니라고 했습니다. 나오미의 삶이 그것을 너무나 잘 보여 주지 않습니까?

또 이런 공식도 있습니다. "큰 것은 성공한 것이고 성공한 것은 옳다." 심지어 우리는 교회도 이런 기준으로 판단합니다. 대형교회는 복 받은 교회이고 소형교회는 복을 받지 못한 교회라는 것이지요. 하지만 교회 역사 속에는 공룡처럼 키져서 자만하고 교만하여 망한 일들이 셀 수 없이 많습니다. 또 "십일조하면 복 받는다." "주일성수하면 복 받는다"는 말도 많이 들어 보지 않았습니까? 이것들도 일종의 공식인 셈입니다. 이러한 공식이 완전히 틀리다는 말이 아닙니다. 신앙을 공식으로, 법칙으로 만드는 일이 위험하다는 것입니다. 하나님은 어느 것에도 매이지 않으시는 주권자이시기 때문입니다.

세상의 격언이 기독교의 공식으로 둔갑하는 경우도 있습니다. "하늘은 스스로 돕는 자를 돕는다."와 같은 경우입니다. 많은 사람이 이렇게 이야기합니다. "하나님은 스스로 돕는 자를 돕는다." 그러면서 "너, 그렇게 공부 안 하는데 하나님이 도와주시겠니?"라고 자녀를 나무라는 믿는 부모들도 있습니다. 이렇게 말하는 것이 공식에 매여 있다는 증거가 아니겠습니까?

하나님이 정말 스스로 돕는 자를 도우십니까? 정말 그렇습니까? 하나님께서는 노력하는 자와 함께하십니까? 이것이 우리가 이해하는 은혜의 교리이고 복음입니까? 그렇지 않습니다.

그럼에도 불구하고 이런 신앙 공식들이 많이 나오는 이유는 그것이 신앙생활을 편하게 만들어 주는 경향이 있기 때문입니다. 공식은 어려운 문제를 쉽게 풀게 해 줍니다. 그래서 구구단이나 인수분해 공식을 외우는 것은 수학문제를 푸는 데 큰 도움이 됩니다.

신앙생활도 공식을 가지고 하게 되면 생각을 많이 할 필요가 없습니다. "기도하면 복 받는다." "기도는 만사를 변화시킨다."라는 공식만 있으면 철야기도하고, 금식기도해서

복을 받으면 됩니다. 생각을 많이 하거나 고민할 필요가 없습니다. 그냥 무조건 하면 됩니다. 'Just do it!' 그렇게 우리는 기독교를 "하면 된다. 할 수 있다!"를 외치는 군대로 만듭니다. 이것이 진정한 기독교입니까? 그렇지 않습니다.

공식을 가지고 신앙생활하는 것의 문제는 그 공식들이 우리로 하여금 신앙의 신비, 인생의 신비를 마주할 수 없게 만든다는 것입니다. 공식을 억지로 대입하다 보면 반(反)신앙적인 태도로 가게 되거나 심지어 신앙을 무너뜨리는 결과도 초래할 수 있습니다.

어떤 사람이 "기도가 만사를 변화시키니까 기도를 많이 하자." 이렇게 결심하고 기도를 열심히 했다고 합시다. 이것이 무엇이 문제가 되겠습니까? 기도 안 하는 것보다는 낫지 않습니까?

아닙니다! 잘못된 기도와 잘못된 열심은 신앙을 망가뜨립니다. 문제는 그 공식을 자신의 삶에 대입해서 만사를 변화시키는 답을 얻으려고 한다는 것입니다. 예컨대 말 안 듣는 자식이 변하고, 기울어진 사업이 다시 번창하고, 모든 일이 잘되는 것이 오직 자신의 기도에 달렸다고 생각하는 태도, 이것은 성경이 가르치는 바가 아닙니다.

더 심각한 문제는 이렇게 공식을 가지고 신앙생활하는 사람은 결코 자기 혼자만 그렇게 생각하며 살지 않는다는 사실입니다. 어떤 형제가 어려움에 처하면 "기도하세요. 기도 안 해서 그런 거예요. 기도 안 해서 망한 거고, 기도 안 해서 병이 안 낫는 거예요. 기도 안 해서 교통사고 난 거예요. 기도 안 해서…"라는 식의 태도를 취하게 되는 것입니다. 상처가 되는 말을 수없이 쏟아 내며 다른 사람까지 비난하고 정죄하게 됩니다.

그렇다면 공식을 가지고 신앙생활을 하는 사람 자신에게는 그것이 유익할까요?

그렇지 않습니다. 그런 공식을 가지고 기도하는 사람은 만사도 변화시킬 수 없을 뿐 아니라 자기 자신의 변화도 경험할 수 없습니다. 아니, 그 자신이 변하기는 하는데, 아주 나쁘게 변합니다.

오늘날 한국 교회에서 이런 경우를 흔히 볼 수 있습니다. 주변에 교회 일도 열심히 하고 기도도 많이 하는데 왠지 함께하고 싶지 않은, 멀리하고 싶은 사람이 있지 않습니까? 왠지 그 사람이 불편하고 사랑스럽지 않습니다. 공식이 지배하는 사람을 가까이하기는 쉽지 않기 때문입니다.

이런 식의 공식에 나오미와 룻의 인생을 대입해 보면, 그들의 인생은 복 받은 인생이 아니라 저주받은 인생입니다. 사람들이 종종 사용하는 표현을 빌면, 그들의 인생은 하나님이 치신 인생입니다. 룻기 1장 20-21절을 보십시오.

> 나를 나오미라 부르지 말고 나를 마라라 부르라. 이는 전능자가 나를 심히 괴롭게 하셨음이니라. 내가 풍족하게 나갔더니 여호와께서 내게 비어 돌아오게 하셨느니라. 여호와께서 나를 징벌하셨고 전능자가 나를 괴롭게 하셨거늘 너희가 어찌 나를 나오미라 부르느냐?

나오미가 모압을 떠나 다시 역이민을 와서 고향 사람들에게 한 말입니다. 이렇게 말한 나오미의 정확한 의도를 알기는 어렵습니다. 그러나 나오미가 하나님의 주권과 섭리를 분명히 인정하면서도 자신의 삶이 저주받은 인생이라는 느낌을 가지고 있었다는 것을 부인하기는 어렵습니다.

당신이 "그리스도인으로 사는 것은 답 없이 사는 것을 배우는 과정"이라는 스탠리 하우어워스의 말에 동의한다면, 당신은 공식에 매인 삶을 살지는 않을 것입니다. 그리스도인의 삶은 절대로 공식화될 수 없고 공식에 묶인 삶이 될 수도 없습니다.

일평생 하나님을 열심히 섬긴 권사님이 있다고 합시다. 그분은 평생 헌신적으로 교회를 섬기셨습니다. 그런데 노년에 이르러 그 전까지 경험해 보지 못했던 일들을 하나씩 만나게 되었습니다. 그분을 좌절하게 하는 일들, 즉 나오미의 현실을 경험하기 시작한 것입니다. 그분은 자기가 평생 섬겨 온 하나님에 대한 신앙의 큰 위기를 맞게 됩니다. 평생 열심을 내어 살아온 신앙이 무너지는 것 같은 경험입니다. '내가 믿고 섬긴 하나님이 이런 분이었나? 내가 평생 하나님을 얼마나 잘 섬겼는데 하나님께서 나의 노년에 어떻게 이렇게 하실 수가 있지?'라고 생각했습니다. 무엇이 문제입니까? 그동안 그분은 자신도 모르는 사이에 일련의 공식을 가지고 하나님을 섬기며 살아왔던 것입니다.

그분은 사회적으로 유능하고 신앙적으로도 훌륭한 남편을 만나 남편 때문에 속 썩는 일이 거의 없이 살아왔습니다. 자녀들은 모두 공부를 잘했고 결혼도 잘했습니다. 그런데 노년에 이르러서 가정사에 심각한 좌절이 일어나고 모든 일이 꼬이기 시작했습니다. 이제껏 자신이 믿고 살아온 공식으로는 도저히 설명이 되지 않는 현실들이 자신과 자녀들의 삶에 일어나기 시작한 것입니다. 여기서 저는 당신에게 질문을 하나 하려고 합니다. 그분이 만난 이 상황에서 무너진 것은 그분의 신앙입니까, 아니면 신앙 공식입니까?

공식을 붙잡는 신앙의 문제가 바로 여기에 있습니다. 공식이 무너지면 신앙도 무너지는 것처럼 보입니다. 사실 이것은 신앙이 무너진 일이 아닙니다. 그분이 믿어 온 공식이 무너진 것뿐입니다. 그런데도 신앙이 공식에 좌우되는 일들이 벌어지곤 합니다. 신앙이 공식에 매이게 되면 신앙 공식이 무너질 때 신앙이 무너진다고 느끼는 것입니다.

그분은 자신의 노년에 벌어지는 일들을 보면서 이렇게 생각할 수는 없었을까요? '하나님이 나를 사랑하셔서 이 늦은 나이에 하나님의 신비와 하나님의 선하심을 새로운 방식으로 보게 하시는구나.'라고 말입니다.

저는 하나님께서 그분을 사랑하셔서 그렇게 하실 수 있다고 믿습니다. 그런 과정이 없으면 우리는 이론적인 신앙을 벗어나지 못합니다. 신앙의 공식에 익숙해질 뿐, 하나님의 신비와 믿음의 신비를 알 길이 없습니다. 공식들만 가지고 있으면, 자신이 모든 것을 알고 판단할 수 있다고 생각하며 자신만만해합니다. 그리고 그 공식으로 다른 사람들의 삶을 판단합니다. 그러다가 공식이 들어맞지 않는 현실을 자신의 인생에서 맞닥뜨린 후에야 비로소 자신의 삶과 신앙과 모든 것을 떠받치고 가는 것이 자신의 열심이 아니라는 사실을 알게 됩니다. 이 사실을 깨닫게 될 때, 사람은 비로소 자신을 붙잡고 계시는 하나님의 열심, 그분의 포기하지 않으시는 열심을 보게 되고, 그것이 자기 인생의 뿌리요, 근거였다는 사실을 뒤늦게나마 인식하게 됩니다. 이것이 은혜입니다. 그래서 평생 믿어 온 공식이 무너지는 것은 사실 굉장한 축복이고 은혜입니다. 공식이 무너지는 경험은 하나님께서 우리를 성화의 길로 인도해 가시는 중요한 방편입니다.

욥의 삶도 이것을 보여 줍니다. 그는 고난이 오기 전에 이미 하나님께서 인정하실 만큼 훌륭한 신앙을 가진 사람이었습니다. 그러나 이해할 수 없는 극심한 고난이 점점 깊어지면서 그는 무너지기 시작했습니다. 그의 공식이 무너지기 시작한 것입니다. 그 공식은 욥의 세 친구가 기본적으로 장착하고 있었던, '하나님을 잘 섬겼더니 이렇게 평안하게 잘 지내는구나.'라는 인과율에 묶인 축복과 저주의 공식이었습니다. 결국 모진 고난의 경험을 통해서 욥은 자신이 갖고 있던 공식이 정답이 아니었다는 사실을 배우기 시작합니다. 공식이 더 이상 통하지 않는 신앙의 신비 속으로 들어가면서 그는 답 없이 산다는 것이 무엇인지를 배우기 시작한 것입니다. 그리고 결국 '하나님이 답이었구나!'라는 놀라운 진리를 깨닫게 됩니다. 하나님을 뵈옵고 나서 말입니다. 이 경험을 하게 되는 사람은 공식에 맞추어 딱 떨어지는 정답을 가지고 사는 삶에서 자유로워집니다. 그렇게 우리의 신앙은 성숙의 여정을 걷게 되는 것입니다!

누군가가 당신에게 "저에게 이러이러한 문제가 있는데 상담을 좀 해 주세요."라고 이야기한다면 당신은 그에게 뭔가 신통한 답을 주고 싶은 마음이 들 것입니다. 그 사람이 "아, 그것이었군요! 역시 선생님을 찾아오길 잘했어요."라고 이야기할 만한 묘안, 묘수를 알려 주고 싶지 않습니까? 하지만 우리에게는 줄 것이 없습니다. 우리도 답을 잘 모르기 때문입니다. 다만 그 사람과 함께 있어 주는 것은 할 수 있습니다. 다만 어려운 문제에 직면하여 힘들어하는 그 형제를 사랑할 수는 있습니다. 하나님은 이런 방식으로 우리를 하나님의 신비와 신앙의 신비 속으로 데리고 가십니다.

우리 인생은 우리가 원하는 대로만 흘러가지 않습니다.

오늘 우리가 살아가는 삶의 자리는 하나님께서 우리 인생에 간섭하시고 개입하셨기 때문입니다. 하나님은 그분의 자녀들이 몇 가지 공식 아래에서 행복을 누리는 수준으로 살기를 바라지 않으십니다. 우리가 그 공식을 깨뜨리고 성장하기를 바라십니다. 하지만 슬프게도 우리에게는 스스로 그 공식들을 버릴 힘이 없다는 것을 아시기에, 친히 우리 인생에 개입하셔서 고난을 통해 그 공식들을 무너뜨리십니다.

고난과 함께 '잘' 살기

인생의 답을 원하고 공식이라도 가지고 있어야 안전하다고 느끼는 사람들에게 답 없이 산다는 것은 결코 매력적이지 않습니다. 그들에게 답 없이 산다는 것은 패자의 삶을 의미할 뿐입니다. 뿐만 아니라 답 없이 산다는 말이 전달하는 부정적인 어감도 무시할 수 없습니다. 마치 인생을 포기한 사람의 말처럼 들릴 수 있습니다.

하지만 답 없이 산다는 것은 인생을 포기하고 산다는 말이 아닙니다. 소극적인 삶이나 수동적인 삶도 아닙니다. 답 없이 산다는 것은 적극적으로 선택하는 삶입니다.

이원론적인 세계관은 '악하고 무가치한 세상에서는 열심히 살 필요가 없어. 교회 봉사나 열심히 하면서 천국에만 소망을 두고 살면 돼.'라고 생각하게 합니다.

하지만 이것은 성경의 가르침이 아닙니다. "답 없이 사는 것을 배우는 과정이 그리스도인의 삶이다."라는 스탠리 하우어워스의 말을 저는 이렇게 바꾸어 표현해 보고 싶습니다. "답 없이 사는 것은 고난이 찾아올 때 그 고난을 피해 보려고 애쓰는 것이 아니라, 그 고난을 끌어안고 고난과 함께 '잘' 사는 법을 배우는 것이다."

삶에 고난이 찾아올 때, 우리는 일단 그 고난을 피하려고만 합니다. 기도할 때에도 우리는 그 고난을 없애 달라고 기도합니다. 그러나 우리 인생에 하나님의 허락하심 없이, 하나님의 주권적 간섭하심과 섭리를 벗어나서 찾아오는 고난은 하나도 없습니다. 다 목적이 있고 의미가 있다는 것이 하나님의 주권과 섭리를 믿는 신앙입니다.

하나님의 사랑을 입은 자녀들에게 주어지는 고난은 예외 없이 하나님의 선하신 섭리의 방편입니다. 그것이 죄에 대한 하나님의 징계일지라도 말입니다. 그래서 시편 기자는 이렇게 고백했습니다.

고난당하기 전에는 내가 그릇 행하였더니 이제는 주의 말씀을 지키나이다. 주는 선하사 선을 행하시오니 주의 율례들로 나를 가르치소서(시 119:67-68).

참으로 엄청난 고백이 아닙니까?

시편 기자는 고난이 하나님의 선하심이 나타난 것이라고 말합니다. 인생에 어떻게 좋은 일만 있겠습니까? 그런데도 그는 "주는 선하셔서 나에게 선한 것만을 행하십니다."라고 고백합니다. 또한 "고난당하기 전에는 내가 그릇 행하였더니 이제는 주의 말씀을 지키나이다."라며 자신이 고난을 통해 어떻게 사는 것이 하나님 앞에서 사는 것인지를 배웠다고 고백합니다.

'고난은 무조건 피해야 하고, 고난이 없는 삶은 그 사람의 신앙이 좋은 것을 증명한다'는 생각(공식)을 가지고 살아가는 사람은 이러한 신앙의 신비를 이해하지 못합니다. 아무리 피하려고 해도, 없애 달라고 해도 없어지지 않는 고난은 우리에게 '포기하고 체념하고 살라'는 메시지가 아니라 '그 고난을 떠안고 그 고난의 의미를 고민하고, 씨름하고, 생각하면서 하나님께 소망을 두고 잘 살라'는 메시지를 줍니다.

즉 답 없이 사는 것을 배우는 삶은 체념하고 포기하는 삶이 아니라 선택하고 결정하는 삶입니다.

그리스도인의 선택

포기한 사람은 선택하지 않습니다. 포기한 사람은 상황이 그를 선택하게 만듭니다. 그러나 그리스도인은 답 없이 살아감에도 불구하고 스스로 선택하는 삶을 사는 사람입니다. 그 선택은 대부분의 사람들이 하는 선택, 즉 '어떻게 하면 좀 더 편하게 인생을 살 수 있을까?'가 아닙니다. 그리스도인으로서 답 없이 사는 것을 배워 가는 사람은 그것과는 완전히 다른 선택을 하며 살아갑니다.

룻의 선택 – "처음 베푼 인애"

다시 룻기의 이야기로 돌아가 봅시다. 오르바와 룻은 둘 다 어린 나이에 과부가 되었습니다. 시어머니 나오미뿐 아니라 젊은 두 며느리 오르바와 룻에게도 인생은 답 없는 여정이었을 것입니다. 당시 두 며느리의 나이는 기껏해야 스무 살 정도였을 것입니다. 시어머니 나오미는 40대 후반에서 50대 초반 정도였을 것으로 짐작됩니다. 그렇게 과부 셋이 남았습니다. 시어머니는 유대 사람이고, 두 며느리는 모압 사람이었습니다.

시어머니 나오미가 유대 땅으로 돌아가기로 결정하고 두 며느리에게 말했습니다. "너희들은 여기에 남아서 자유롭게 다시 결혼하고, 새로운 삶을 살거라." 그러나 오르바와 룻은 그렇게 할 수 없다고, 어머니를 따라가겠다고 대답했습니다. 이것은 세상적인 계산으로는 기대할 수 있는 선택이 아닙니다. 이것은 답 없이 살아가는 중에 계속해서 답 없이 인생을 살겠다는 말이나 마찬가지입니다.

나오미의 애정 어린 간곡한 부탁에 결국 큰며느리 오르바는 모압에 남기로 결정하지만, 룻은 끝까지 어머니를 이깁니다. 룻의 선택은 세상적인 계산으로는 어리석은 선택이었습니다. 그렇게 룻은 시어머니를 따르겠다는 결정을 끝까지 굽히지 않고 나오미와 함께 남편의 고향 유대 땅 베들레헴으로 오게 됩니다. 승산 없는 결정이었습니다. 손해 보는 결정이고, 바보 같은 결정이었습니다.

당신이 룻의 어머니나 아버지라고 생각해 보십시오. 룻과 나오미의 아름다운 고부관계만 생각하지 말고, 당신이 룻의 어머니이고, 아버지이고, 가족이라고 가정해 보십시오. 그렇다면 당신은 룻이 시어머니 나오미를 따라가겠다고 결정할 때, 룻의 결정을 훌륭한 결정이라고 지지할 수 있겠습니까? 끝까지 고집을 꺾지 않고 시어머니를 따라간 룻의 결정을 칭찬하겠습니까? 어떤 시각으로는 룻을 "믿음이 대단하다"고 칭찬할 수 있습니다. 하지만 당신이 그녀의 가족이라면 그 결정을 결코 지지하지도 칭찬하지도 않을 것입니다. 도리어 어떻게든 룻을 말리기 위해 애를 썼을 것입니다. 룻을 사랑하는 친구, 부모, 친척이라면 룻에게 시어머니를 따라가라고 말하지 않을 것입니다.

룻이 시어머니를 따라 유대 땅으로 가겠다고 할 때 그녀가 했던 말을 주의깊게 들어 보십시오. 룻은 이것이 죽음으로밖에는 끊을 수 없는 결정이라고 말하고 있습니다.

> 룻이 이르되 내게 어머니를 떠나며 어머니를 따르지 말고 돌아가라 강권하지 마옵소서. 어머니께서 가시는 곳에 나도 가고 어머니께서 머무시는 곳에서 나도 머물겠나이다. 어머니의 백성이 나의 백성이 되고 어머니의 하나님이 나의 하나님이 되시리니 어머니께서 죽으시는 곳에서 나도 죽어 거기 묻

힐 것이라. 만일 내가 죽는 일 외에 어머니를 떠나면 여호와께서 내게 벌을 내리시고 더 내리시기를 원하나이다(룻 1:16-17).

룻은 이 결정이 자기 동족인 모압으로부터 끊어지는 결정임을 분명히 알고 있었습니다. "어머니의 백성이 나의 백성이 되고"(16절). 하나님에 대한 그녀의 신앙도 암시됩니다. "어머니의 하나님이 나의 하나님이 되시리니 … 여호와께서 내게 벌을…"(16-17절). 비록 그녀의 신앙은 아직 하나님에 대한 많은 지식을 가진 신앙이라고 볼 수 없겠지만, 그럼에도 불구하고 그녀의 이 고백은 참되신 하나님을 따르겠다는 참된 신앙의 고백임을 암시합니다.

누구보다 룻 자신이 자기가 하는 말의 의미를 잘 알고 있었습니다. 룻은 자신이 어리석고 무능해서 시어머니만 의지하고 살아야 한다는 생각으로 따라가겠다고 말한 것이 아닙니다. "어머니께서 머무시는 곳에서 나도 머물겠나이다."라는 말에서 '머문다'에 해당하는 히브리어 단어는 여관에 하룻밤 머무는 것처럼 임시적으로 머무는 것을 의미하는 말입니다. 룻은 알고 있습니다. 시어머니 나오미가 그녀의 고향인 유대 땅 베들레헴으로 돌아간다 해도 거기에 그들이 살

집이 없다는 것, 고향에 나오미가 머물 수 있는 거처와 땅이 없다는 것을 룻은 알고 있습니다. 가면 고생할 것이 훤히 보이지만 어떤 고생을 겪을지라도 자신은 시어머니를 떠나지 않겠다고 말하는 것입니다.

세상에 이처럼 바보 같은 결정이 어디 있습니까? 룻의 부모를 비롯해서 룻을 사랑하는 모든 사람이 반대했을 결정입니다. 아무것도 보이지 않는 무모한 결정입니다. 이때 룻이 내린 이 결정에 대해 룻기의 뒷부분에서 보아스가 한 말을 들어 보십시오.

> 내 딸아 여호와께서 네게 복 주시기를 원하노라. 네가 가난하건 부하건 젊은 자를 따르지 아니하였으니 네가 베푼 인애가 처음보다 나중이 더하도다(룻 3:10).

룻은 자기 조국 모압에 남아서 다시 결혼하여 살기를 선택할 수도 있었습니다. 그런데도 그녀는 가난하든 부하든, 시어머니 나오미의 처지가 어떠한지를 훤히 알고도 시어머니를 따라가기로 결정했습니다. 그녀의 결정은 인애, 즉 사랑을 베풀기로 한 결정입니다.

여기서 "인애"로 표현된 말은 히브리어 '헤세드'(חֶסֶד)를 번역한 말입니다. '헤세드'라는 말은 주로 하나님께서 그분의 언약 백성들을 사랑하시는 사랑을 가리키는 말입니다. 끊을 수 없는 사랑, 실패할 수 없는 사랑, 이루어질 수밖에 없는 사랑, 이루어지지 않으면 이루어지게 만드는 사랑, 무조건적인 사랑, 영원한 사랑, 하나님께만 사용할 수 있는, 하나님께만 합당한 단어입니다. 물론 사람에게도 이런 방식으로 사용되는 경우가 있는데, 그럴 때에도 이 표현이 가지는 의미는 굉장합니다. 그런데 보아스는 룻의 결정이 바로 헤세드였다고 말하고 있습니다. "하나님이 우리에게 베푸시는 사랑과 은혜처럼 네가 네 시어머니에게 그런 은혜와 사랑을 베풀었다"고 말하는 것입니다.

인생을 살다 보면 어떤 결정을 내리는 것보다 그 결정을 감당하는 것이 더 어렵다는 것을 깨닫곤 합니다. 연애하고 결혼하는 것보다 결혼서약을 지키며 모든 삶의 조건들 속에서 변함없이 사랑하며 평생을 함께하는 것이 어려운 것처럼 말입니다.

룻이 처음에 어머니를 따르겠다고 할 때 보여 준 사랑, 어려운 생활 중에도 시어머니를 공양하는 수고와 섬김이 보아스가 말하는 "처음 베푼 인애"입니다. 그런데 보아스는 "처음보다 나중이 더하도다."라고 말합니다. 즉 룻이 한결같은 마음으로 어렵고 힘든 모든 상황 속에서 그 사랑을 지켰다는 것입니다. 이런 차원에서 룻이 나오미의 집안에 기업 무를 자인 보아스에게 기업 무를 것을 요청하는 일은 "나중에 베푼 인애"라고 말할 수 있습니다. 나중에 베푼 인애는 룻이 그때까지 보여 준 충성과 신실함을 증명하는 행위가 되었습니다. 그녀는 시어머니를 위하여, 남편의 가문을 위하여 자신의 충성됨을 보여 주었습니다.

결국 보아스의 이 말은, 룻이 처음에 시어머니를 따라 유대 땅으로 오기로 한 바보 같은 결정, 이기적이지 않은 결정, 승산 없는 결정이 '헤세드'라는 말입니다. 아무 답도 없는 상황에서 룻이 내린 결정은 자신에게 아무 도움도 되지 않고, 앞으로도 도움이 될 가능성이 전무한 시어머니를 사랑하기로 한 결정이었습니다. 룻은 자기가 처해 있는 고통스러운 삶의 현실을 벗어나기로 결정하는 대신, 그 답 없는 현실을 껴안고 가기로 결정했고, 무엇보다 시어머니를 사랑하기로 선택했습니다. 이것이 답 없이 살아가는 그리스도인이 선택하는 최고의 삶입니다. 룻이 이 모든 일의 행복한 결과를 알았기 때문에 그런 결정을 했을까요? 결국 모든 것이 잘될 것이라는 하나님의 약속을 개인적으로 들었기 때문에 그 결정과 선택을 했던 것일까요? 그렇지 않습니다. 그녀는 단지 자신의 상황에서 사랑하기로 결정하는 것이 최고의 선택이라는 것을 알았고, 그렇게 결정했을 뿐입니다.

보아스의 선택 – 믿음으로 사는 삶

그다음에 우리가 주목해야 할 사람은 보아스입니다.

보아스는 그리스도의 예표이기도 하고, 저에게는 성경 전체를 통틀어 예수님을 제외하고 가장 매력적인 인물 중 한 사람입니다.

그는 베들레헴에 사는 유다 지파의 지도자 가정에서 태어났습니다. 소위 명문가에 재력까지 가진 사람이었습니다. 그는 죽은 엘리멜렉의 친족으로서 그 가족의 기업 무를 책임을 가진 사람이기도 했습니다. 물론 그보다 더 가까운 친족이 한 사람 더 있기는 했지만 말입니다.

'보아스'라는 이름은 '그에게 능력이 있다'는 뜻입니다. 조금 모호하지만 아마도 '그에게 능력이 있다. 나에게가 아니고, 하나님께 능력이 있다.'라는 의미일 것입니다.

룻기를 읽어 보면 보아스가 율법을 소중히 여기는 경건한 사람이었음을 알 수 있습니다. 그가 자신의 타작마당에서 이삭 줍는 사람들을 배려하는 장면에서, 그가 자신의 일꾼들을 대하는 모습에서, 그가 베풀기를 기뻐하고 약자를 배려하는 모습에서, 무엇보다 그가 기업 무르는 책임을 회피하지 않는 데서 우리는 그의 경건한 신앙의 면모를 볼 수 있습니다. 보아스는 자기의 이름에 걸맞은 인물이었습니다.

보아스와 룻의 만남은 섭리적인 만남이라고 말할 수 있습니다. 그들의 만남은 결코 우연으로 설명될 수 없는 만남이었습니다. 어느 날 룻은 이삭을 줍기 위해 나갔습니다. 유대의 종교 문화적 배경에서 이삭을 줍는 것은 고아나 과부같이 가난한 사람들이 살아가는 방식이었고, 이것은 하나님께서 고아와 과부를 위해 추수 때에 일부를 남겨두라고 명하신 율법에 근거한 일이었습니다(레 19:9-10, 23:22; 신 24:19-21). 밭으로 나간 룻은 '우연히' 엘리멜렉의 친족 보아스의 밭에 이르렀습니다(룻 2:3). 그리고 '마침' 보아스가 나와서 "베들레헴에서부터 와서 베는 자들에게 이르되 여호와께서 너희와 함께하시기를 원하노라."라고 일꾼들을 축복하는 자리에서 룻을 만나게 됩니다(4절).

사람의 생각으로 보면 이 만남은 우연입니다. 그러나 그 우연의 이면에는 주권자의 오묘한 섭리가 있습니다. 이렇게 보아스와 룻은 처음 만나게 됩니다. 하지만 엘리멜렉의 친척이었던 보아스는 엘리멜렉의 부인인 나오미의 귀향 소식을 들었을 때, 시어머니를 극진히 모시는 모압의 젊은 며느리가 같이 왔다는 소식을 이미 들어서 알고 있었습니다.

> 보아스가 그에게 대답하여 이르되 네 남편이 죽은 후로 네가 시어머니에게 행한 모든 것과 네 부모와 고국을 떠나 전에 알지 못하던 백성에게로 온 일이 내게 분명히 알려졌느니라. 여호와께서 네가 행한 일에 보답하시기를 원하며 이스라엘의 하나님 여호와께서 그의 날개 아래에 보호를 받으러 온 네게 온전한 상 주시기를 원하노라(11-12절).

이와 같이 룻이 시어머니에게 베푼 인애를 알고 있던 보아스는 그녀에게 특별한 은혜를 작정하고 베풀게 됩니다. 그리고 룻으로부터 보아스의 소식과 그가 룻에게 은혜를 베풀었다는 소식을 들은 나오미는 룻에게 이상해 보이는 지시를 합니다. "타작을 마치고 잔치가 벌어질 때 목욕하고, 기름을 바르고, 좋은 옷을 입고 보아스가 누운 곳을 찾아가서 거기 발치에 이불을 들고 가만히 들어가서 누우라"는 것입니다(룻 3:1-4). 이것은 룻처럼 정숙한 여인에게는 어울리지도 않을뿐더러 순종하기도 쉽지 않은 명령이었습니다. 그 행위 자체가 청혼을 의미하는 것이므로 자칫하면 룻이 헤픈 여인으로 보일 수 있었기 때문입니다.

그러나 나오미의 명령은 그렇게 함으로써 보아스에게 "당신이 우리의 기업 무를 자"임을 알리고 실제로 기업을 무르게 하려는 의도를 가진 것이었고, 룻은 그러한 시어머니의 의도를 분명하게 알고 있었습니다. '기업을 무른다'는 것은 친족의 잃어버린 기업을 다시 사 줌으로써 원상태로 회복시켜 주는 일을 가리켰습니다. 여기에는 하나님께서 각 지파, 각 족속에게 주신 토지의 기업뿐 아니라 자녀를 잇게 하는 일도 포함되었습니다. 가까운 친척들이 그 책임을 지도록 율법에 기록되어 있었습니다. 이와 같이 기업 무를 자로서 책임을 다하는 것에는 잃어버린 땅을 회복하는 일(레 25:23-28)뿐 아니라 그 집안의 가문을 잇게 하는 일이 포함되었기에 "기업을 무르라"는 룻의 말은 "나를 취하소서. 나와 결혼해야 합니다."라는 말과 같았습니다(룻 3:9).

당신이 룻이라면 이런 시어머니의 명령에 순종하겠습니까? 룻은 시어머니의 말에 순종합니다. 룻은 보아스가 엘리멜렉 집안의 기업 무를 친척이라는 사실을 알고 있었습니다. 그래서 밤중에 자신의 이불 끝자락을 덮고 있는 룻을 발견하고 놀라는 보아스에게 기업 무를 책임을 이행하라고 지혜롭게 말합니다. 하지만 보아스는 자신보다 엘리멜렉과 더 가까운 친척이 있어서 그가 책임을 이행하지 않겠다고 하기 전에는 자신이 섣불리 나설 수 없다는 사실을 이미 잘 알고 있었고 그 사실을 룻에게 말해 줍니다. 그런 다음 보아스는 성문으로 나갔습니다.

당시 성문은 오늘날의 시청 앞 광장이나 법정처럼 남자들이 모여서 마을의 대소사를 논의하고 결정하는 장소였습니다. 거기서 보아스는 기업 무를 친척을 만나 그가 져야 하는 책임을 공적으로 알려 주지만, 그는 자신이 엘리멜렉 집안의 기업을 무름으로써 떠안게 될 경제적 손해 때문에 기업을 무르지 않고 그 권리를 포기하겠다고 말합니다. 사실 이름이 기록되지 않은 이 사람은 룻기에 등장하는 인물 중 가장 똑똑한 사람입니다. 그는 손익에 밝은 사람이었고, 상황 판단이 빨라 결코 손해를 보지 않는 사람이었습니다.

그는 결국 그 책임을 감당하지 못하겠다고 말한 뒤 떠나가는데, 이것은 보아스가 원하던 결과였습니다.

보아스는 관습을 따라 장로들과 백성들 앞에서 그 사람이 신을 벗어 주게 함으로써 기업 무를 책임을 행하지 않는다는 공적 증거를 얻은 뒤, 엘리멜렉 집안의 기업을 무를 권리를 얻게 됩니다. 이 모든 과정에서 보아스는 지혜롭고 신중하게 행동합니다.

룻기는 해피엔딩 스토리입니다. 그러나 '신자의 삶은 결국 해피엔딩이다.'라는 메시지가 룻기의 핵심 메시지는 아닙니다. 그럼에도 불구하고 룻기는 신자의 삶의 결국을 보여 줍니다.

물론 신자의 삶의 결국이 죽음 전에 다 드러나고 증명되는 것은 아닙니다. 우리는 영원 속에서 하나님의 공정하고 의로운 심판을 보게 될 것입니다. 더불어 죽음 이후에 하나님 앞에 설 때 나타날 영광도 보게 될 것입니다. 그 영광을 생각하면 모든 참된 신자의 삶은 궁극적으로 해피엔딩이라고 말할 수 있습니다.

결국 보아스는 기업 무를 자의 책임을 이행하기 위하여 룻과 결혼한 뒤 아들을 낳아 오벳이라고 이름 짓습니다. 오벳은 다윗의 할아버지입니다. 즉 보아스와 룻은 다윗왕의 증조할아버지와 증조할머니가 됩니다.

여기서 보아스의 흥미로운 가정사를 조금 살펴보는 것이 이 스토리를 이해하는 데 도움이 될 것입니다. 그것은 바로 보아스의 어머니 이야기입니다. 짐작컨대 보아스는 나이가 조금 든 남자였을 것입니다. 이미 말했듯이, 그는 명문가에 재력이 있는 사람이었습니다. 그러나 보아스의 어머니는 여리고성 사람이었던 기생 라합이었습니다. 라합은 출애굽 초기 광야에서 유다 지파의 지휘관이었던 나손의 아들 살몬과 결혼하여 보아스를 낳았습니다(마 1:4-5). 이 족보는 우리가 알다시피 그리스도께서 오시는 족보가 됩니다.

사실 룻기가 말하려는 중요한 메시지는 여기에 있습니다. 그 암울한 시대에 경건한 두 사람의 만남과 결혼을 통해 하나님께서는 메시아의 족보를 이루어 가고 계셨다는 사실입니다. 이렇게 마태복음 1장에 기록된 예수님의 족보에 라합이 등장하게 되는 것입니다.

다시 보아스의 이야기로 돌아가 보겠습니다. 우리가 주목할 것은 보아스의 선택입니다. 그는 이미 잘 살고 있었고 이후에도 크게 손해 볼 일 없이 살아갈 수 있는 사람이었습니다. 그런데 어느 날 갑자기 친척인 엘리멜렉의 부인 나오미가 모압에서 모압인 며느리와 함께 베들레헴으로 돌아왔습니다. 이것은 보아스가 엘리멜렉의 집안에 기업 무를 책임을 감당해야 할 수도 있다는 사실을 의미했습니다. 그는 자신이 결단해야 한다는 사실을 알았습니다. 그래서 그는 이미 준비가 되어 있는 사람처럼 행동했습니다. 보아스보다 더 가까운 친척이 "내 기업에 손해가 있을까 하여 나를 위하여 무르지 못하노니 내가 무를 것을 네가 무르라"(룻 4:6)고 기업 무를 책임을 포기하는 순간, 그는 자신에게 돌아온 그 책임을 신속하게, 그리고 기꺼이 감당했습니다. 그 일은 사실상 손해를 보는 일이었음에도 불구하고 말입니다. 계산이 빨라 기업 무를 책임을 외면한 친척과 달리 승산 없는 선택과 손해 보는 결정을 내린 보아스는 대책 없는 시어머니를 따라 유다 땅으로 가겠다고 선택한 룻과 다르지 않습니다.

세상에서는 손해 보는 결정을 하는 사람을 찾아보기 어렵습니다. 일부러 승산 없는 선택을 하고, 손해 보는 결정을 하는 사람은 없습니다. 그런데 마치 룻이 자기 시어머니인 나오미를 향하여 베푼 인애처럼, 보아스는 그 동일한 하나님의 헤세드, 하나님의 인애를 룻과 나오미에게 베풉니다.

룻과 보아스가 내린 선택과 결정의 공통점이 보이십니까? 그것이 무엇입니까? 바로 헤세드를 베푸는 것입니다. 룻은 시어머니인 나오미에게 헤세드를 베풀었고, 보아스는 나오미와 룻에게 헤세드를 베풀었습니다. 룻과 보아스, 이 두 사람은 계산이 빠르지 않은, 소위 바보 같은 사람들입니다. 이후 보아스는 나오미의 입술을 통해 다음과 같은 칭송을 받습니다.

> 그가 여호와로부터 복 받기를 원하노라. 그가 살아 있는 자와 죽은 자에게 은혜 베풀기를 그치지 아니하도다(룻 2:20).

"그가 살아 있는 자와 죽은 자에게 은혜 베풀기를 그치지 아니하도다."라는 표현은 사실상 하나님께만 해당될 수 있는 표현 아닙니까? 세상의 어떤 사람이 살아 있는 자와 죽은 자에게 은혜 베풀기를 그치지 않을 수 있겠습니까? 그런데 나오미는 보아스가 바로 그런 사람이라고 이야기합니다. 이 은혜가 바로 룻기 3장 10절에서 보아스가 "인애"라고 표현한 헤세드입니다. 보아스는 헤세드를 베푸는 사람이었고, 그런 결정을 하는 사람이었습니다.

인생의 공식과 정답을 가지고 살아가는 사람들은 룻이나 보아스처럼 헤세드를 베푸는 결정과 선택을 하면서 살기 어렵습니다. 하지만 답 없는 삶을 살아간 룻과 보아스는 사랑하는 사람에게 헤세드를 아낌없이 부어 주는 자리에 섰습니다. 이들은 믿음 안에서 오늘을 사는 사람들입니다.

하나님의 헤세드

답 없이 산다는 것은 무엇이며, 그런 삶에서 믿음으로 사는 것은 무엇입니까? A. W. 토저가 이렇게 말했습니다. "믿음은 당신이 도달하는 결론이 아니다. 당신이 살아가는 여정이다."[4]

우리는 그냥 답만 얻고 싶어합니다. 결론만 알고 싶어합니다. 하지만 믿음은 결론(답)이 아니라 과정(여정)입니다.

이 믿음의 여정에서 중요한 것이 무엇인지 아십니까? 인애를 베푸는 삶입니다. 사랑하는 것입니다. 필요한 사람에게 헤세드를 베푸는 것입니다. '지금 이걸 해 주면 나중에

---

4 트위터 TozerAW: "Faith is not a conclusion you reach…it's a journey you live." AW Tozer.

그가 잘되어서 그 이상으로 갚을 거야.'라는 계산 없이 인애를 베푸는 삶입니다. 하나님의 헤세드, 하나님의 언약의 줄을 끊을 수 있는 것은 세상에 아무것도 없습니다. 우리가 어떤 고난의 심연 속에서 살아간다 할지라도 말입니다.

그러한 하나님의 언약 백성으로서 하나님의 헤세드를 알고, 그것을 베풀면서 살아가는 인생은 세상에서 정답을 가지고 살아가는 그 어떤 삶보다 탁월합니다. 비교할 수 없이 멋진 삶입니다.

욥은 고난의 심연 속에서 이렇게 고백했습니다. "하나님이 나를 죽이실지라도 나는 그를 신뢰할 것이다"(욥 13:15, 현대인의성경).

이것은 하나님의 헤세드를 아는 사람만이 할 수 있는 고백입니다. 이것이 끝이 아닙니다. 하나님의 헤세드를 아는 사람은 자신의 삶의 자리가 어떠하든 상관없이, 즉 자신이 보아스든 룻이든 상관없이 헤세드를 베푸는 삶을 살기 시작합니다.

이것이 룻기에서 배우는 중요한 교훈입니다. 답은 언제나 하나님입니다. 우리는 하나님 안에서 하나님의 헤세드를 흘려보내는 존재로 이 땅을 살아가도록 부름 받았습니다.

답 없이 산다는 것은 현실의 고통을 안고 살아가되, 내 옆에서 나와 함께 쓰라리고 답 없는 삶의 과정을 지나는 형제들에게 헤세드를 베푸는 삶을 사는 것입니다. 그리스도인은 인생을 통해 자신에게 주어진 독특한 환경과 고난 속에서 이것을 배워 가는 사람입니다. 가난하든 부하든, 자신의 삶의 자리가 어떠하든, 하나님의 헤세드를 베푸는 자로 살아가는 것입니다.

그렇게 살다가 인생의 마지막 순간을 지나 하나님 앞에 서게 될 때, 우리는 평생 가지고 있던 질문들에 대한 답을 얻게 될 것입니다.

하나님께서 일일이 설명해 주시기 때문이 아닙니다. 하나님을 뵐 때 우리는 하나님이 바로 우리가 찾던 답이었다는 사실을 알게 될 것입니다. 욥처럼 말입니다.

룻의 결정과 보아스의 결정은 하나님을 생각하지 않고는 할 수 없는 결정입니다. 하나님이 궁극적인 답이라는 것을 아는 사람만 할 수 있는 결정입니다. '내 인생이 막막한데 내가 누구에게 무얼 베풀 수 있다는 말인가?'라고 당연하게 생각할 수 있습니다. 답 없는 삶 속에서는 우리 모두가 고난과 아픔을 겪습니다. 그럴 땐 자기 자신밖에 보이지 않습니다. 그러나 우리가 받는 하나님의 헤세드는 종종 우리 삶의 많은 고난과 어려움을 통해서 드러납니다. 고난과 어려움은 하나님께서 그분의 자녀들에게 헤세드를 나타내시는 통로이고 방식입니다. 그 속에서 그리스도인은 하나님의 헤세드를 흘려보내는 승산 없는 선택과 결정을 하면서 살아가도록 부름 받은 사람입니다.

이것이 그리스도인이고 교회입니다. 교회는 그렇게 사랑하고 헤세드를 베풀라고 주신 하나님의 선물입니다. 교회는 룻이 나오미에게 했던 것처럼, 보아스가 룻과 나오미에게 했던 것처럼 서로 사랑하고 인애를 베푸는 하나님의 가족입니다. 이런 의미에서 교회는 이 땅을 사는 동안 우리가 경험할 수 있는 가장 안전한 공동체입니다. 이 얼마나 영광스럽습니까!

룻기는 교회를 보여 주는 책입니다. 모두가 이런 교회를 소망합니다. 이런 교회의 가족이 되고 싶어합니다. 주 안에서의 결속과 하나됨을 깊이, 가슴 뜨겁게 누리며 살아가야 합니다. 이것이 우리를 향한 하나님의 뜻입니다.

하나님의 뜻은 모호하지 않습니다. 룻기 어느 곳도 모호한 구석이 없습니다. 하나님의 이 명백한 뜻 앞에서 답 없는 삶을 살아가는 당신은 답 없이 살아가는 주 안의 형제에게 헤세드를 베풀기를 결정하고 사랑하기를 선택하겠습니까?

하나님께서는 순종하기를 원하는 자들에게, 성령 안에서 순종할 힘을 주십니다. 머리가 좋고 계산이 빠른 우리에게는 룻처럼 헤세드를 베풀기로 결정하고 보아스처럼 사랑하기를 선택할 능력이 없습니다.

보아스와 룻처럼 선택하는 것은 결코 쉬운 일이 아닙니다. 하나님께서 주시는 은혜가 아니면 우리는 답 없이 사랑하는 길을 걸어갈 수 없습니다. 그러나 주의 뜻은 분명합니다. 주께서 말씀하십니다. "이 멋진 인생, 답 없는 삶, 답 없이 사랑하기를 선택하는 인생, 하나님만이 답이 되는 인생을 살아가라. 이것이 너희를 향한 나의 뜻이다."

묵/상/을/위/한/질/문

1. 당신이 가진 신앙생활의 공식이 있습니까? 혹은 과거에 가졌던 신앙공식이 있습니까? 그것은 무엇입니까? 그 공식이 어떻게 신앙을 왜곡시킬 수 있는지 생각해 보십시오.

2. 신앙이 무너지는 것과 신앙의 공식이 무너지는 것을 어떻게 구별할 수 있습니까? 당신의 경험을 중심으로 설명해 보십시오.

3. 룻이 시어머니를 따르기로 한 결정과 보아스가 친족 엘리멜렉 집안의 기업을 무르기로 한 선택과 결정에 대한 당신의 솔직한 생각은 무엇입니까?

4. "하나님의 언약 백성으로서 비록 답 없는 삶을 살아갈지라도 하나님의 헤세드를 알고 베풀며 살아간다는 것은, 세상에서 정답을 가지고 살아가는 그 어떤 삶보다 확실하다"는 말에 동의하십니까? 이 말을 당신 자신의 언어로 설명해 보십시오.

2. 답 없이 사랑하기 /91

모세가 홍해에서 이스라엘을 인도하매 그들이 나와서 수르 광야로 들어가서 거기서 사흘길을 걸었으나 물을 얻지 못하고 마라에 이르렀더니 그곳 물이 써서 마시지 못하겠으므로 그 이름을 마라라 하였더라. 백성이 모세에게 원망하여 이르되 우리가 무엇을 마실까 하매 모세가 여호와께 부르짖었더니 여호와께서 그에게 한 나무를 가리키시니 그가 물에 던지니 물이 달게 되었더라. 거기서 여호와께서 그들을 위하여 법도와 율례를 정하시고 그들을 시험하실새 이르시되 너희가 너희 하나님 나 여호와의 말을 들어 순종하고 내가 보기에 의를 행하며 내 계명에 귀를 기울이며 내 모든 규례를 지키면 내가 애굽 사람에게 내린 모든 질병 중 하나도 너희에게 내리지 아니하리니 나는 너희를 치료하는 여호와임이라. 그들이 엘림에 이르니 거기에 물 샘 열둘과 종려나무 일흔 그루가 있는지라. 거기서 그들이 그 물 곁에 장막을 치니라.

_ 출애굽기 15:22-27

3. 그리스도인은 무엇으로 사는가?

– 마라와 엘림

믿음의 두 가지 실제

그리스도인이 인생에서 믿음을 경험하는 두 가지 측면이 있습니다. 그것은 출애굽기 15장에 등장하는 "마라"와 "엘림"입니다.

마라와 엘림의 이야기를 이해하려면 출애굽기 15장의 배경을 조금 살펴볼 필요가 있습니다. 하나님의 기적적 재앙들을 통해 애굽의 종살이에서 해방되어 출애굽을 한 이스라엘 백성은 홍해가 갈라지는 또 한 차례의 놀라운 기적을 경험하면서 바로의 압제에서 완전히 벗어날 수 있었습니다. 정말 놀라운 체험이고 기막힌 경험이었을 것입니다. 이것은 이스라엘 백성들에게 아마 평생 잊을 수 없는 사건들이 되었을 것입니다. 눈앞에서 바다가 갈라지고 걸어서 바다를 건넌 민족이나 사람이 그들 말고 또 누가 있겠습니까!

홍해의 기적을 경험하고 감격한 이스라엘 백성은 모세와 함께 찬송을 부르고 춤을 추었습니다. 모세의 누이 미리암도 여인들과 함께 소고를 치며 노래를 불렀습니다. 그러나 광야로 들어간 이스라엘 백성은 사흘 후에 뜻하지 않은 일을 만나게 됩니다. "모세가 홍해에서 이스라엘을 인도하매 그들이 나와서 수르 광야로 들어가서 거기서 사흘 길을 걸었으나 물을 얻지 못하고"(출 15:22).

사흘 전에 그들은 홍해를 건넜습니다. 그러나 그들이 지금 걷고 있는 곳은 물이 없는 광야였습니다. 광야에 있는 사람들에게 며칠 동안 물이 없는 상황은 그리 간단한 문제가 아니었을 것입니다. 단 하루만이라도 물 없이 생활한다는 것을 상상이나 할 수 있겠습니까?

언젠가 기차를 타고 다른 도시에 갈 일이 있었습니다. 그런데 기차 시간에 맞추어 급히 움직이느라 커피 한 잔도 사지 못한 채 기차에 올라타게 되었습니다. 알다시피 요즘은 기차에서 음료를 팔지 않습니다. 그래서 도착할 때까지 한

두 시간 동안 아무것도 마시지 못했는데, 그 짧은 시간조차 얼마나 길게 느껴졌는지 모릅니다. 그러니 기차도 아닌 광야, 뜨거운 태양빛이 작열하는 광야에서 사흘이나 물이 없이 지낸다는 것은 이만저만 힘든 일이 아니었을 것입니다. 절망적인 상황이라고 할 수 있을 만큼 말입니다.

그런데 이게 웬일입니까? 사흘이 지나도록 물을 얻지 못한 백성들 앞에 갑자기 오아시스가 나타났습니다. 얼마나 기쁘고 좋았을까요? 먼저 도착한 이들이 허겁지겁 물을 마시기 시작했을 것입니다. 하지만 그것은 사람이 마실 수 없는 쓴 물이었습니다. 한순간에 모든 기쁨과 흥분이 사라져 버리고 그들의 입에서는 모세를 향한 원망이 쏟아져 나오기 시작했습니다. 그러자 모세는 하나님께 부르짖었습니다.

하나님께서 부르짖는 모세에게 한 나무를 가리키셨고 모세가 그 나무 조각을 물에 던지자 쓴 물이 마실 수 있는 단물로 바뀌었습니다. 백성들은 다시 기뻐하며 그 물을 마셨습니다. 하지만 쓴 물을 마셨던 경험 때문에 그들은 그곳을 "마라"라고 불렀습니다. "마라"는 나오미가 자신의 고향인 베들레헴 사람들에게 자기 인생을 한탄하면서 했던 말입니다. '비통함', '쓰디씀'을 의미하는 말입니다.

마라를 경험한 이스라엘 백성은 이후에 엘림으로 인도함을 받습니다. 엘림은 물 샘이 열두 개나 되고 종려나무가 일흔 그루나 있는 큰 규모의 오아시스였습니다.

물 샘 열두 개와 종려나무 일흔 그루에서 보게 되는 숫자 '12'와 '70'은 이스라엘 사람들에게 특별한 의미를 가진 숫자였습니다. 12는 열두 지파를 떠올리게 하고, 70은 완전수인 7과 10이 곱해진 숫자입니다. 이것은 '엘림'이 마치 천국처럼 풍요롭고 완전함을 상징하는 장소임을 보여 줍니다.

"거기서 그들이 그 물 곁에 장막을 치니라"(출 15:27). 이스라엘 백성이 엘림에서 보낸 시간을 앞뒤 문맥과 정황으로 계산해 보면 약 35일 정도가 됩니다. 그들은 대략 한 달 정도 되는 상당한 시간을 그곳에 머물렀습니다. 지난 400년 동안 애굽에서 노예생활하며 고생한 백성들을 하나님께서 위로하시는 특별한 시간이 되었을 것입니다. 어쩌면 그들에게는 인생 최초의 화려한 휴가가 아니었을까요? 거기에는 그들을 압제하고, 부리고, 그들의 등에 채찍을 갖다 대는 애굽 사람들이 없었습니다. 그 시간은 더 이상 애굽 사람들의 눈치를 보지 않아도 되는 시간이었습니다. 이스라엘 사람들은 엘림에서 보내는 한 달여 동안 애굽에서의 서러움이 눈

녹듯 사라지는 경험을 하며 하나님의 은혜를 누렸을 것입니다. 그런데 마라와 엘림의 일을 기록하고 있는 본문에 우리가 주목해야 할 말씀이 하나 있습니다. 출애굽기 15장 25절은 "여호와께서 그들을 위하여 법도와 율례를 정하시고 그들을 시험하실새"라고 기록되어 있습니다. 즉 하나님께서 그들을 마라로 인도하사 쓴 물을 경험하게 하신 것은 그들을 시험하신 일이라는 말입니다.

하나님께서는 왜 백성들을 시험하셨을까요? 하나님은 처음부터 엘림을 만나게 하실 수 있지 않았을까요? 꼭 마라를 지나서 엘림으로 가야 하는 특별한 이유라도 있었던 걸까요? 왜 그들은 마라에서 먼저 쓴 물을 만나고 그 쓴 물이 단물로 바뀌는 일을 경험해야 했던 것일까요? 사흘을 걸어 목마른 백성들이 도착하기 전에 쓴 물을 단물로 미리 바꿔 주실 수는 없으셨던 걸까요?

성경은 그 이유를 다음과 같이 밝힙니다. "여호와께서 … 그들을 시험하실새." 이 구절은 마라와 엘림을 이해하는 데 결정적으로 중요한 단서가 됩니다. 그리스도인이 자신의 인생에서 믿음을 경험하는 두 측면, 마라와 엘림에서 제대로 믿음을 경험하기 위해서는 이 구절의 의미를 이해하는 것이 중요합니다. 이제 우리는 처음에 말했던 대로, 그리스도인이 인생에서 믿음을 가지고 살아갈 때 경험하는 두 가지 측면, 마라와 엘림을 살펴볼 것입니다.

"근심하는 자 같으나 항상 기뻐하고"

그리스도인의 삶에는 마라와 엘림 두 가지가 다 있습니다. 어떤 그리스도인 형제가 "예수님을 믿으니까 매일 매일의 삶이 엘림이에요."라고 말한다면 그의 진정성을 의심할 필요는 없겠지만 저는 "조금 있으면 곧 마라에 도착하실 겁니다."라고 말하고 싶어질 것입니다. 물론 실제로 그렇게 말한 적은 없지만 말입니다. 다만 평생 엘림만 경험하고 사는 그리스도인은 하나도 없다는 말을 하고 싶을 뿐입니다.

반대로 어떤 그리스도인 형제는 "예수님을 믿었는데 제 인생에는 왜 이렇게 마라만 계속됩니까?"라고 질문할 수도 있습니다. 이것을 그 사람에게 특별한 문제가 있다는 식으로만 해석해서는 안 됩니다. 다만 그는 지금 마라에 도착해서 거기 머무는 중일 뿐입니다. 마라와 엘림, 엘림과 마라는 모든 그리스도인이 경험하는 삶의 두 측면입니다. 모든 그리스도인의 인생의 여정에 이 두 가지가 다 있습니다.

『성경의 일관성』(The Unity of the Bible)에서 다니엘 풀러(Daniel P. Fuller)는 기쁨은 믿음의 시금석이라고 말했습니다.[5] 이 말은 '참된 믿음은 그 믿음을 가진 사람의 마음에 기쁨을 만들어 낸다'는 뜻입니다. 이 말을 그리스도인의 마음속에는 항상 춤추고 싶고, 즐겁고, 가슴이 벅차오르고, 입가에 미소가 그치지 않는 기쁨이 샘솟는다는 뜻으로 오해하지 마시기 바랍니다. 그리스도인이 이 땅을 믿음으로 살아가면서 경험하게 되는 하늘의 기쁨이나 신령한 기쁨, 거룩한 기쁨은 이런 것들과 조금 다른 것입니다. 물론 베드로전서 1장 8절에 "예수를 너희가 보지 못하였으나 사랑하는도다. 이제도 보지 못하나 믿고 말할 수 없는 영광스러운 즐거움으로 기뻐하니"라고 기록된 것처럼 말할 수 없는, 형언할 수 없는, 그리고 너무나 영광스러운 즐거움은 성경이 분명히 말씀하는 믿음의 결과입니다.

그러나 바울 사도는 고린도후서 6장 10절에서 이렇게 말합니다. "근심하는 자 같으나 항상 기뻐하고."

---

5 다니엘 풀러, 박경범 역, 『성경의 일관성』(은성, 1994), p.167. "믿음의 분량의 척도는 기쁨이라는(joy is the barometer of one's faith) 것을 우리는 반드시 기억해야 한다."

고린도 사람들이 바울을 볼 때, 바울을 둘러싸고 있는 환경과 상황은 그리 녹록지 않았습니다. 그는 선교 사역 내내 골치 아픈 환경에서 살아야 했고, 그 자신이 표현한 대로 "사방으로 욱여쌈을 당하는" 것 같은 삶이 지속되었습니다(고후 4:8 참조). 심정적으로나 육체적으로나 그의 삶을 둘러싸고 있는 환경이 그를 근심하게 하지 않을 수 없었기에 고린도 사람들은 바울을 보며 '저 사람은 항상 얼굴에 근심이 있어.'라고 생각했을지도 모릅니다. 그러나 바울은 이렇게 말합니다. "근심하는 자 같아 보이겠지만 내 안에는 항상 기쁨이 있습니다."

바울이 이야기하는 기쁨은 일반적으로 말하는, 예컨대 어린아이들이 엄마 아빠가 선물을 사 주면 깡충깡충 뛰고, 며칠 동안 흥분하고, 아침에 일찍 일어나서 선물을 바라보는 식의 기분이나 감정이 아닙니다. 즉 그가 항상 기뻐하는 것은 엘림에는 있고, 마라에는 없는 기쁨이 아닙니다. 만일 그리스도인이 이 땅에서 경험하는 영적인 기쁨이 엘림에서만 경험할 수 있는 것이라면, 도대체 살아 있는 믿음이 우리 안에서 무슨 역할을 한단 말입니까? 예수님을 믿지 않는 사람도 엘림의 환경에 이르면 가슴이 벅차오르고 즐거움이 샘솟습니다. 아무것도 염려하거나 근심할 필요가 없습니다. 반대로 마라에 가면 온통 근심거리뿐입니다. 모든 인생에 엘림과 마라의 시간이 있듯이, 그리스도인에게도 엘림과 마라의 시간이 존재합니다. 만일 우리의 믿음이 마라에서는 축 처지고, 낙심하고, 좌절하고, 절망해야 하는 것이고, 엘림에 도착해야만 기쁘고, 즐겁고, 흥분되는 것이라면, 믿음이라는 것이 도대체 신자 안에서 어떻게 역사하고 어떻게 일하는 것이란 말입니까? 예수 그리스도를 믿는 사람과 믿지 않는 사람 사이에 도대체 무슨 차이가 있는 것입니까?

기쁨의 현재적인 흘러넘침

그리스도인이 겪고 살아가는 엘림과 마라의 상황에서 믿음이 각각 어떤 역할을 하는지 살펴보겠습니다. 먼저 엘림입니다. 엘림은 하나님께서 이 땅에서 답 없이 살아가는 자녀들의 인생에 주시는 선물이자 위로입니다. 엘림을 경험해 본 사람들은 이것이 어떤 것인지 잘 알 것입니다. 엘림에서 보내는 시간에는 가슴 벅찬 기쁨이 있고, 입가에서는 웃음이 사라지지 않습니다. 행복한 마음을 숨길 수도 없습니다.

모든 것이 만족스럽습니다. 하나님을 찬송하고 싶고, 누가 가르쳐 주지 않아도 하나님의 선하심에 대한 노래를 가슴에서 입으로 종일 흥얼거리게 됩니다. 이러한 기쁨의 표현을 경박하다고 비난할 필요는 없습니다. 이 모든 것이 하나님께서 주신 은혜라는 것을 알고 그분께 찬송하는 것이 어떻게 경박한 것이겠습니까? 상황이 엘림에서 마라로 바뀌자마자 태도가 너무도 빨리 돌변하여 하나님을 원망하는 것을 경박하다고 말할 수는 있을지 몰라도 말입니다.

엘림은 하나님께서 사랑하시는 자녀들에게 주시는 은혜로운 선물입니다. 하나님께서 엘리야에게 천사를 보내 떡을 먹이시고, 물을 마시게 하셨던 것처럼(왕상 19:5, 7), "너, 많이 지쳤구나." 하시며 "여기서 쉬며 기력을 회복하렴."이라고 말씀하시는 것과 같습니다. 이것을 '기쁨의 현재적인 흘러넘침'이라고 합시다. 그렇다면 그리스도인의 삶은 매 순간 이런 엘림, 즉 기쁨의 현재적인 흘러넘침을 경험하는 삶이라고 말할 수 있을까요? 성경은 그리스도인의 삶에 엘림만 지속되고, 그렇게 엘림에서만 살다가 천국으로 가는 것이 그리스도인의 삶이라고 가르칩니까? 믿음으로 살아가는 당신의 삶에는 언제나 엘림이라는 기쁨이 현재적으로 흘러넘치고 있습니까? 만일 그리스도인이 믿음으로 살아감에도 불구하고 그런 기쁨이 흘러넘치는 삶을 매 순간 경험하지 못한다면 그 사람에게 무슨 영적인 문제가 있다는 뜻입니까? 이 질문에 대한 성경의 대답은 무엇입니까?

엘림이 그러하듯 마라도 그리스도인이 믿음으로 경험하고 살아가는 실재입니다. 마라는 환상이나 허구가 아닌 그리스도인의 삶의 실재입니다. 믿음으로 사는 신자에게도 마라가 찾아옵니다. 우리는 나오미의 삶에서 그것을 보지 않았습니까? 어찌 보면 비통함과 쓰디씀을 의미하는 '마라'라는 말 자체가 그리스도인이 살아가는 답 없는 삶을 잘 표현해 주는 말인지도 모릅니다. 그리스도인의 삶은 딱 떨어지는 답을 가지고 사는 것도 아니고, 신앙 공식만 적용하면 답이 나오는 삶도 아니기 때문입니다. 그리스도인에게도 설명이 안 되는 고난이 찾아옵니다. 그것이 마라입니다. 당신은 당신의 인생 여정에서 엘림이 아닌 마라를 지날 때에도 기뻐할 수 있습니까? 이것은 매우 중요한 질문입니다. 마라에서도 우리는 기뻐할 수 있습니까? 당신이 지나온 시간을 돌아보십시오. 당신의 인생에도 쓰디쓴 마라가 있었을 것입니다. 거기서 당신은 믿음 때문에 기뻐할 수 있었습니까?

어떤 사람들은 잘못된 신앙적 관점을 가지고 이렇게 생각하기도 합니다. '마라에서도 그리스도인은 기분이 좋아야 하고, 입가에 미소가 번져야 한다. 그것이 안 되면 억지로라도 웃으려고 애쓰며 평안한 모습으로 살아야 한다.' 정말 그렇습니까? 그리스도인은 마라에서 힘들어하면 안 됩니까? 예수 믿는 사람은 힘들어도 힘들다고 말하면 안 됩니까? 예수 믿는 사람은 마라에서도 "괜찮아요. 아무렇지도 않아요."라고 말해야 합니까? 그런 사람이 믿음 좋은 사람이고, 그렇게 해야만 우리가 하나님을 영화롭게 하는 것입니까?

물론 그리스도인은 마라에서도 기뻐할 수 있습니다. 어떤 방식으로 기뻐할 수 있을까요? 엘림에서 경험하는 것과 똑같은 방식은 아닙니다. 물을 마시지 못하면 갈증을 느끼고, 음식을 먹지 못하면 허기를 느끼고, 통증을 느끼면 괴로워하는 것이 인간입니다. 인간이기에 외로움도 느낍니다. 그래서 당장은 웃음이 사라지고 가슴의 벅찬 감격도 식어 버리고 말겠지만, 그럼에도 불구하고 그리스도인은 마라에서도 믿음과 기쁨의 실재를 경험하고 누릴 수 있습니다. 괴롭고 힘든 마라에서 그리스도인이 기쁨을 얻는 방식은 다음과 같습니다. 즉 믿음으로 하나님의 약속을 붙잡고, 하나님의 약속 안에 담겨 있는 그분의 풍성한 선하심과 자비하심과 은혜를 붙잡는 것입니다. 이것이 바로 그리스도인이 마라에서 하나님의 은혜와 기쁨을 누리는 방식입니다.

마라를 지날 때 해야 하는 일

출애굽기 15장 25절과 26절에 기록된 것처럼 하나님은 "그들을 시험"하셨습니다. 하나님께서 단물을 먼저 주시지 않고 쓴 물을 먼저 주신 이유, 마라의 쓴 물을 먼저 맛보게 하시고 그 물을 달게 바꾸어 주신 이유, 마라를 먼저 주시고 그 뒤에 엘림을 주신 이유를 존 칼빈은 다음과 같이 설명합니다. "하나님은 그들에게 단물을 먼저 주실 수 있었다. 그러나 하나님은 그들 속에 잠복해 있는 쓴뿌리를 쓴 물로 드러내고자 하셨다."[6] 놀라운 통찰입니다. 하나님께서 마라의 쓴 물로 우리를 인도하실 때조차 우리는 하나님의 선하심을 신뢰하도록 부르심 받습니다. "마라에 있을 때에는 하나님

---

6 Calvin, J., & Bingham, C. W. (2010). *Commentaries on the Four Last Books of Moses Arranged in the Form of a Harmony* (Vol. 1, p. 265). Bellingham, WA: Logos Bible Software.

의 선하심에 대한 신뢰를 멈추고 불평하고 원망해야 한다"고 말하지 않습니다. 하나님께서 시험하셨다는 말은 마라가 우리 자신이 어떤 존재인지, 우리의 믿음이 어떤 믿음인지를 보게 만드는 자리라는 의미입니다. 이스라엘 백성들은 사흘 동안 그럭저럭 잘 견디고 참아 냈습니다. 홍해의 기적을 경험한 것이 불과 3일 전의 일이었습니다. 3년 전, 3개월 전이 아니었습니다. 그러나 마라에 이르자 그 모든 감격과 기쁨이 3일 만에 다 사라지고 말았습니다.

누군가의 말을 바르게 이해하려면 그 사람이 어떤 삶의 배경을 가지고 있는지 아는 것이 중요합니다. 칼빈이 "하나님은 단물을 먼저 주실 수 있었지만 쓴 물을 먼저 주셔서 그들 안에 있는 쓴뿌리를 보게 하셨다"고 말한 것을 들으며 "그런 말을 하는 칼빈의 생애에는 과연 마라가 존재했나? 마라를 경험하고도 그런 말을 할 수 있을까?" 되묻고 싶은 사람이 있을지도 모르겠습니다. 그렇습니다. 칼빈의 삶은 긴장의 연속이었습니다. 그가 하나님의 숨겨진 섭리의 고삐로 종교개혁의 한가운데에 들어온 이후, 그에게는 단 한순간도 긴장의 끈을 놓을 수 있는 시간이 주어지지 않았습니다. 사방에 너무도 많은 대적이 있었고, 그들과 대립해야 했으며, 잘못된 교리를 주장하는 사람들과 거센 진리의 싸움을 싸워야 했습니다. 그는 평생 그런 삶을 살았습니다. 칼빈의 삶에 엘림이 있었다면 그것은 아마도 그가 제네바교회에서 추방당한 뒤 스트라스부르크에서 동포인 프랑스 망명자들을 목회했던 3년 정도의 기간일 것입니다. 그 시절에 칼빈은 아내를 만나 가정을 이루기도 했습니다. 하지만 이 기간을 제외한다면 칼빈의 생애는 거의 마라에서 보낸 시간이었습니다. 그런 마라의 시간이 칼빈을 행복하고 여유롭고 편안하게 해 줄 수는 없었을 것입니다. 그런 삶을 살았던 칼빈에게 "당신은 왜 기뻐하지 않습니까? 왜 당신에게는 흘러넘치는 기쁨이 안 보입니까? 왜 그렇게 얼굴을 찌푸리고 있습니까?"라고 질문할 수 있겠습니까? 그렇다고 해서 칼빈이 마라의 삶 속에서 쓰디쓴 인생의 비통함만을 경험하고 살았다는 말을 하려는 것은 아닙니다. 놀랍게도 칼빈은 『기독교강요』와 그의 설교에서 다음과 같은 표현을 유독 많이 사용했습니다. "하나님의 약속 안에 담긴 그분의 선하심과 자비를 붙잡아야 한다. 이것이 믿음이다."[7] 칼빈 자신도 마

---

7 존 칼빈, 원광연 역, 『기독교강요』 (CH북스, 2015), 특별히 제3권 제2장 '믿음: 그 정의와 특성'을 참조하라.

라에서 보내는 그 긴 세월 동안 이 믿음의 싸움을 싸우며 긴장을 놓지 않았습니다. 마찬가지로 우리의 인생이 마라로 인도함을 받을 때, 우리도 하나님의 약속 안에 담긴 그분의 선하심과 자비하심과 은혜를 붙잡아야 합니다. 그것을 붙잡게 하는 것이 바로 믿음입니다.

칼빈의 전기를 읽는 사람들은 "칼빈이 마라 같은 인생을 살았기에 그의 삶에는 기쁨이 없었다"고 말할 수 없습니다. 그는 기쁨을 누렸습니다. 그가 기쁨을 누리는 방식은 바로 믿음이었습니다. 현재의 환경 속에 주어진 것은 아니지만, 믿음으로 하나님의 약속 안에 있는 그분의 선하심과 자비와 은혜와 무한히 영광스러운, 그래서 감당조차 할 수 없는 그 영원한 약속을 붙잡는 것이었습니다.

이것이 칼빈이 싸웠던 믿음의 싸움이었습니다. 바울도 동일한 믿음의 싸움을 했을 것이고, 손양원 목사님도, 주기철 목사님도 그랬을 것입니다. 우리의 많은 믿음의 선배들이 다 그렇게 마라에서 믿음의 실재를 경험하며 살았습니다. 그렇게 그들은 마라에서도 믿음으로 하나님께 찬송을 올려드리고 감사할 수 있었습니다.

칼빈은 『기독교강요』에서 "믿음의 주된 확신은 바로 장차 올 내세에 대한 기대에 있다"고 이야기합니다.[8] 믿음의 주된 확신, 믿음의 가장 중요한 줄기는 장차 올 내세의 소망을 붙잡는 것이라는 말입니다. 그는 하나님의 약속이 믿음의 기반이라고 이야기합니다.

"하나님을 믿는다"고 할 때, 우리가 믿는 믿음의 실체는 과연 무엇입니까? 그리스도인은 성경에 기록된 모든 것을 믿지만, 특별히 하나님의 약속을 믿습니다. 즉 하나님을 믿는다는 것은 그분의 약속을 믿는 것입니다. 하나님의 약속을 믿는 믿음은 "바라는 것들의 실상"이라고 한 말씀 그대로(히 11:1), 우리가 소망하고 바라는 것을 지금 우리의 것으로 받아 누리게 합니다. 제가 섬기는 벧샬롬교회에서 주일예배 설교 후에 부르는 지정곡이 있습니다. 〈날마다 숨 쉬는 순간마다〉(Day by Day)라는 노래입니다. 이 노래는 한 절 한 절이 주옥같은 믿음의 고백을 담고 있습니다.

날마다 숨 쉬는 순간마다 내 앞에 어려운 일 보네.
주님 앞에 이 몸을 맡길 때 슬픔 없네, 두려움 없네.

---

8 존 칼빈, 원광연 역, 『기독교강요』(CH북스, 2015), 3.2.28.

주님의 그 자비로운 손길 항상 좋은 것 주시도다.
사랑스레 아픔과 기쁨을 수고와 평화와 안식을.

날마다 주님 내 곁에 계셔 자비로 날 감싸 주시네.
주님 앞에 이 몸을 맡길 때 힘 주시네, 위로함 주네.
어린 나를 품에 안으시사 항상 평안함 주시도다.
내가 살아 숨을 쉬는 동안 살피신다 약속하셨네.

인생의 어려운 순간마다 주의 약속 생각해 보네.
내 맘속에 믿음 잃지 않고 말씀 속에 위로를 얻네.
주님의 도우심 바라보며 모든 어려움 이기도다.
흘러가는 순간순간마다 주님 약속 새겨 봅니다.

우리 인생의 어려운 순간, 즉 마라가 올 때 우리가 해야 하는 일은 주님의 약속을 생각해 보는 것입니다. 이 찬양의 가사는 '마라'가 무엇인지를 깊이 경험한 사람이 쓴 찬송시입니다. 이 곡의 작사가 캐롤라이나 벡(Carolina Sandra Berg)의 아버지는 목사였습니다. 어느 날 캐롤라이나는 아버지와 함께 배를 타고 가던 중 사고로 배가 침몰하게 되었고, 결국 눈앞에서 아버지가 죽는 모습을 보아야 했습니다. 그 후에 쓴 시가 바로 이 찬양, 〈날마다 숨 쉬는 순간마다〉입니다. 하나님의 약속을 생각하고 그분의 말씀에서 위로를 얻는 것, 그 약속을 새겨 보는 것, 이것이 마라를 지나는 성도들이 해야 하는 일입니다. 신자들은 이런 방식으로 기쁨을 누립니다. 이것 역시 "기쁨의 현재적인 흘러넘침"이라고 말할 수 있고, 말해야 합니다. 얼굴에 미소가 가득하고, 가슴이 벅차고, 너무나 좋아서 "여기가 천국이야!"라고 외치지는 않을지라도, 이것도 분명 마라에서 기쁨의 실재를 경험하는 삶입니다!

행복의 조건

그렇다면 진짜 우리를 불행하게 만드는 것은 무엇일까요? 이것은 중요한 질문입니다. 하나님께서 살아 계시고, 그분의 약속이 있고, 우리가 믿음을 가지고 살아가는데도 우리를 불행하게 만드는 것이 있을까요? 그것은 과연 무엇일까요? 당신은 언제 불행하다고 느끼십니까?

아마도 많은 사람이 "환경이 나를 불행하게 해요."라고 말하며 불행의 첫 번째 원인을 환경으로 꼽을 것 같습니다. 그러나 정말 환경이 우리를 불행하게 할까요? 환경보다 더 깊이 우리 안에서 작동하고 있는 것은 없을까요?

사람은 다 행복하게 살길 원합니다. 행복을 추구하는 것은 인간의 기본 욕구입니다. 초기 세팅이 그렇게 되어 있는 것입니다. 하나님께서 사람을 그렇게 창조하셨습니다. 그러므로 행복을 추구하는 것 자체는 문제가 아닙니다. 문제는 행복을 추구하는 것이 우리의 죄성과 만날 때 일어나는 일입니다. 행복을 추구하는 우리의 바람이 우리의 죄성과 만날 때 우리의 삶은 비뚤어지고 왜곡됩니다. 사람마다 추구하는 행복이 다 다를 것입니다. 예컨대 우리가 바라는 행복이 대단한 사치를 구하는 것이 아니라 경제적인 여유를 가지고 사는 것, 어느 정도의 안락함과 개인 공간이 주어지는 집에서 사는 것, 비싼 차는 아니더라도 편안하고 튼튼한 자동차, 아이들에게 좋은 공부 환경을 제공해 줄 수 있는 재정 능력 등의 소박한(?) 바람들이라고 해 봅시다. 이러한 바람을 갖는 것이 잘못입니까? 예수 믿는 사람은 이런 걸 바라면 안 되는 것입니까? 예수 믿는 사람은 인생의 소소한 행복을 누리기 위해서 이러한 것들을 추구하면 안 됩니까?

앞에서 살펴본 것처럼, 이스라엘 백성은 3일 동안 물 없는 광야를 걸은 후 쓴 물을 만났을 때 모세를 원망했습니다. 그들을 불행하게 만든 것은 무엇이었습니까? 물이 없는 것이었습니다. 물이 없어서 그들은 불행하다고 느꼈습니다. 화가 났습니다. 그래서 원망했고, 불평했습니다. 행복할 때 불평하는 사람은 없습니다. 이것은 '인간의 행복 추구가 죄성과 만날 때 그것이 어떻게 왜곡되고 비뚤어지는가'를 잘 보여 줍니다. 즉 인간이 타락한 후에 가지는 죄성의 핵심은 자기중심성입니다. 쉽게 표현하면 '등 따습고 배부르면 끝'입니다. 이것이 최고의 가치입니다. 먹고 사는 것이 풍족하고 편안하면 됩니다. 다른 사람의 행복은 내가 차고 넘칠 때, 내가 여유가 있을 때 생각해 볼 수 있을 뿐 우리는 다 자기중심적인 사랑을 합니다. 결혼해서 사는 부부의 사랑이든, 부모와 자식 간의 사랑이든, 그것이 하나님의 사랑이 아니라면 인간은 원초적으로 이기적인 자기중심적 사랑의 범위를 벗어날 수 없습니다.

많은 사람이 '이 사람이라면 나를 행복하게 해 줄 수 있겠어.'라고 생각하며 사랑하고 결혼합니다. 이런 사랑도 결국 자기중심적 사랑 아닙니까? 인간관계 속에서 일어나는 대부분의 사랑이 이렇습니다. 이것이 자기중심성이라는 죄성의 특징으로부터 완전히 자유로울 수 없는 인간의 사랑입니다. 그러므로 죄인들이 살아가는 죄인들의 세상에서 행복의 조건과 기준은 '엘림에서 얼마나 오래 지낼 수 있는가? 마라를 얼마나 잘 피하고 사는가? 얼마나 고생 안 하고 사는가? 얼마나 편안하게 사는가?'에 달려 있습니다.

다시 말하지만 고생 안 하고, 어느 정도 사회적인 성공을 이루고, 경제적인 여유를 누리고, 일정한 기준 이상의 주거 환경을 가지고 사는 것은 우리의 행복에 중요한 요소들입니다. 그런데 성경은 조금도 이상해 보이지 않고 대단한 욕심을 부리는 것도 아닌, 지극히 당연해 보이는 우리의 행복의 조건에 제동을 겁니다. 그러면 우리는 발끈해서 '하나님은 이런 것까지 제약을 하시나?'라고 마음이 상하거나 '하나님은 우리가 행복하게 사는 걸 싫어하시나?'라고 하나님의 성품에 이의를 제기하고 싶어집니다. 하지만 하나님께서는 "네가 생각하는 그 기준, 그 조건이 정말 잘 사는 거라고 생각하니? 그게 정말 행복한 삶이라고 생각하니?"라고 물으십니다. 그리고 조금 더 나아가 "경험해 보니 진짜 행복하더냐?"라고 물으십니다.

당신은 어떻습니까? '엘림은 행복이고 마라는 불행이다.'라는 공식에 동의하십니까? 환경만 바뀌면 행복할 것 같습니까? 그것이 당신이 원하는 것입니까? 인간의 행복 추구 경향이 죄성과 만날 때 일어나는 왜곡과 한계가 바로 여기에 있습니다.

맞춤 은혜

그렇다면 죄인이 거듭나서 하나님의 자녀가 될 때, 이 문제와 관련하여 어떤 변화가 일어나는 것일까요? 하나님의 자녀로 거듭나고 성경의 모든 약속을 믿는데도 불구하고 여전히 행복과 불행의 조건이 마라와 엘림에 달려 있다면 뭔가 문제가 있는 것 아닐까요? 믿음은 대체 믿는 사람 안에서 무슨 일을 합니까? 기독교는 무엇이고 복음의 능력은 어디에 있는 것입니까?

거듭난 사람과 거듭나지 않은 사람의 행복과 불행의 조건이 똑같을 수는 없습니다. 죄인을 거듭나게 하실 때 성령님은 우리 안에 새로운 본성을 만드십니다. 그것은 바로 신적 본성입니다. 그 순간부터 우리는 죄성의 지배를 받는 것이 아니라 거룩한 본성의 지배를 받아서 은혜 안에서 살아갑니다. 그것이 바로 로마서 6장 14절에서 "죄가 너희를 주장하지 못하리니 이는 너희가 법 아래에 있지 아니하고 은혜 아래에 있음이라"는 말씀의 의미입니다.

우리는 새로운 지배적 힘, 우리의 생각과 우리의 판단과 우리의 느낌과 그 모든 것에 영향을 미치는 결정적인 새로운 은혜의 원리 속에서 살아갑니다. 이것이 하나님의 성령께서 예수를 믿는 사람들, 중생한 사람들 안에서 하시는 일입니다. 새사람이 되기 전에는 죄성의 지배를 받아서 죄에만 반응했지만 거듭난 뒤에는 은혜 아래 있기 때문에 복음에 반응하며 살아가는 것입니다. 그렇게 할 때 복음의 말씀으로 은혜를 받을 때마다 우리의 거룩한 본성이 점점 더 강화되고, 강화된 본성이 은혜 안에서 누리는 행복(모든 악조건 속에서도, 그 어떤 악조건에도 끊어질 수 없는 그리스도 안에 있는 하나님의 사랑, 로마서 8:31-39 참조)을 누리게 합니다. 이전과는 다른 관점, 다른 기준이 생기는 것입니다.

다시 마라와 엘림으로 돌아와 봅시다. 우리 모두의 삶에는 마라와 엘림이 있습니다. 다소 억지스러운 질문을 하나 하겠습니다. 당신의 삶에는 마라와 엘림의 비율이 어떻게 됩니까? 5 대 5입니까? 아니면 마라가 1이고 엘림이 9입니까? 아니면 정반대로, 엘림이 1이고 마라가 9입니까? 우리는 하나님의 자녀이지만 우리가 사는 이 세상은 아직 에덴동산 바깥이라는 사실을 기억해야 합니다. 우리는 예수님께서 "너희가 환난을 당하나"라고 말씀하신 세상을 살아갑니다(요 16:33). 그리스도인의 인생 여정은 종종 이스라엘 백성의 광야 여정에 비유되곤 하는데, 이에 비추어 우리 인생을 본다면 우리는 광야를 지나고 있는 중입니다. 거기에는 엘림도 있고, 마라도 있습니다. 굳이 마라를 만나지 않더라도 광야라는 장소 자체가 엘림과는 거리가 멉니다. 오히려 마라에 가까운 곳입니다.

앞에서 질문한 마라와 엘림의 비율은 사람마다 차이가 있을 것입니다. 저의 삶을 돌아보면, 제 삶은 마라가 9이고 엘림이 1인 것 같습니다. 그렇다고 제가 살아온 인생이 불쌍했을 것이라고 단정하지는 마시기 바랍니다. 엘림과 마라의 비율이 곧 저의 행복과 불행의 비율을 의미하지는 않기 때문입니다. 저의 행복과 불행을 결정하는 조건은 엘림과 마라라는 외적 조건이 아닙니다. 마라도 엘림도 하나님께서 제 인생의 여정에 꼭 맞게, 하나님의 뜻과 섭리 안에서 주시는 두 가지 은혜의 양상일 뿐입니다. 저는 이것을 "맞춤 은혜"(customized grace)라고 부릅니다. 하나님은 기성복처럼 획일화된 은혜에 저를 맞추라고 말씀하시는 대신, 저에게 꼭 맞는 은혜를 만들어 주시는 분입니다. 하나님의 영광과 저의 유익을 위해서 말입니다.

엘림은 가나안이 아니다

하나님께서 우리에게 마라를 허락하시는 이유가 있습니다. 우리는 엘림에서보다 마라에서 더 많은 걸 배울 수 있기 때문입니다. 실제로 이스라엘 백성의 신앙을 연단한 것은 마라의 쓴 물이 달게 변하는 사건이었지 엘림에서 그들이 누린 한 달 동안의 편안함이 아니었습니다.

또 하나, 하나님께서 이스라엘을 출애굽시키신 것은 그들이 엘림에서 편안하게 먹고 영원히 살게 하시려는 것이 아니었습니다. 엘림은 그들의 목적지가 아니었습니다. 그들에게는 가야 할 여정, 남은 여정이 있었고 목적지가 있었습니다. 엘림은 젖과 꿀이 흐르는 땅, 가나안이 아니었습니다. 물론 엘림은 광야 여정을 지나다가 만난 참 좋은 곳이었습니다. 너무 힘들어서 지쳤을까 봐 하나님께서 주신 은혜로운 선물이었고 즐거운 휴가였습니다. 하지만 그곳은 가나안이 아니었습니다. 우리는 그리스도인으로서 현재의 편안함, 이 땅에서의 안락함을 장래의 비교할 수 없는 영광과 맞바꾸는 실수를 할 때가 얼마나 많은지 모릅니다. 엘림을 가나안이라고 여기는 실수 말입니다.

엘림을 가나안으로 착각하게 되면 우리의 신앙은 무력해져서 힘을 잃게 되고, 성장도 멈추게 됩니다. 광야 같은 인생 여정에서 엘림을 만나 거기에 머물다 보면 '여기가 천국이구나.'라고 착각하기가 얼마나 쉬운지 모릅니다. 그럴 때 하나님은 적절하게 마라를 주셔서 '아, 여기는 엘림이었지, 가나안이 아니지!' 깨닫고 다시 일어나 목적지를 향하여 남은 여정을 가게 하십니다.

그러나 사탄은 하와에게 그랬듯이 쉬지 않고 우리에게 속삭입니다. "여기가 가나안이야. 여기 엘림에서 곧장 가나안으로 가는 길도 있어. 일단 여기서 좀 쉬어. 네 인생에서 엘림을 또 만날 것 같아? 움직이지 마. 한 발자국도 가지 마. 엘림이 최고야. 모든 사람이 다 널 부러워하고 있어. 여기가 가나안이라고 생각하고 믿음으로 오늘을 즐겨!"

그리스도인으로서 믿음을 가지고 살아갈 때 우리가 받는 죄의 유혹의 핵심은 엘림을 가나안으로 착각하게 만드는 것입니다. 엘림을 가나안으로 착각하고 사는 것은 타락입니다. 하나님께서 우리에게 엘림의 시간을 주실 때에는 감사하며 그것을 잘 누리면 됩니다. 그리고 하나님께서 "이제 일어나서 다시 가자"고 하시면 순종하여 일어나서 떠나면 됩니다. 당신이 지금 누리고 있는 엘림이 있다면, 그 엘림을 가나안으로 착각하지 마십시오. 엘림은 하나님께서 우리에게 주시는 보너스 같은 것입니다. 어떻게 해서든 엘림에 오래 머물러야겠다고 생각하지 마십시오. 우리를 기다리는 천성이 있다는 것, 우리에게는 가야 할 목적지가 있다는 것, 우리는 영광의 나라를 소망해야 한다는 사실을 놓치지 말아야 합니다.

엘림의 은혜와 마라의 은혜

성경 전체를 통해서 하나님이 사랑하는 자녀들에게 주시는 교훈은 분명합니다. 하나님의 은혜는 모든 사람에게 동일한 방식으로 똑같이 주어지는 게 아닙니다. 언제나 신비

한 방식으로 우리 각자의 인생 여정에 기가 막힌 때에, 기가 막힌 방식으로, 기가 막힌 분량으로 주어집니다. 때로는 마라의 형식으로, 때로는 엘림의 형식으로 말입니다.

겉으로 볼 때 엘림과 마라의 비율이 1 대 9인 사람과 4 대 6인 사람이 있다고 칩시다. 과연 엘림의 비율이 4인 사람이 엘림의 비율이 1인 사람보다 반드시 더 행복할까요? 그렇지 않습니다. 하나님의 은혜는 엘림도 은혜이고 마라도 은혜이기 때문입니다. 합치면 10입니다. 두 사람 모두 10의 은혜를 누릴 수 있는 것입니다.

그렇다면 우리는 우리의 지나온 삶을 전면적으로 돌아볼 필요가 있지 않을까요? 마라도 은혜이고 엘림도 은혜라는 새로운 관점으로 말입니다.

우리가 참으로 하나님의 거듭난 자녀이고, 하나님께서 우리에게 신적 본성을 주셨고, 우리가 하나님의 은혜를 맛보아 안 사람들이라면, 행복과 불행을 결정짓는 세상의 조건에서 좀 더 자유로울 수 있어야 하지 않겠습니까? 여전히 우리가 '엘림과 마라가 내 행복과 불행의 조건이야.'라는 공식에 사로잡혀 살아가고 있다면, 우리의 믿음은 도대체 어디에 있는 것이며 기독교는 대체 무엇이란 말입니까?

간혹 다른 그리스도인과 자신의 삶을 비교하며 시험에 들 때가 있습니다. 내 삶에는 마라가 많은데 왜 그 사람의 삶에는 엘림만 있는 건지 의아해하기도 합니다. 하지만 내 인생에 마라가 많으면 어떻고 그 사람의 인생에 엘림이 많으면 어떻습니까? 마라에서는 쓴 물이 달게 변하는 은혜를 경험하는 것이고, 엘림에서는 연약한 인생에게 주어지는 위로를 경험하는 것인데 말입니다. 사람마다 그 사람에게 맞는 다른 은혜가 있는 법입니다.

우리는 모두 천로역정을 함께 걷는 순례자들입니다. 때로는 마라를 만나고, 때로는 엘림에 머물면서 말입니다. 그러므로 엘림에 머무는 사람을 시기하지도 말고, 마라에 있는 사람을 무시해서도 안 됩니다. 우리는 함께 천로역정을 걸어가면서 서로 사랑하라고 부름을 받은 사람들입니다. 이것은 세상이 할 수 없는 일입니다. 세상에서는 마라에 있는 사람들은 마라에 있는 사람들끼리, 엘림에 있는 사람들은 엘림에 있는 사람들끼리 어울립니다. 상대를 시기하거나 무시하면서 말입니다. 그러나 교회는 서로를 시기하거나 무시하지 않고 함께 사랑하면서 광야의 여정을 걸어가는 나그네들의 공동체입니다. 교회에서만 이런 사랑이 가능합니다.

믿음의 신비

선지자 하박국은 유다의 타락상을 보면서 근심하며 하나님께 나아갔습니다. "하나님, 이 사람들이 하나님의 백성 맞습니까?"라고 한탄했습니다. 하박국의 상황은 마라와 같았습니다. 그런 하박국에게 하나님은 "내가 바벨론을 통해 유다 백성들을 심판하겠다"고 말씀하셨습니다. 하나님의 대답은 하박국이 기대했던 대답이 아니었습니다. 더 악한 바벨론을 통해서 타락한 하나님의 백성 유다를 심판하시는 것은 공의롭지 못하다고 생각했습니다. 그래서 하나님께 물었습니다. "하나님, 더 나쁜 놈들을 통해서 하나님의 백성을 치시면 어떻게 합니까?" 그러자 하나님께서 말씀하셨습니다. "괜찮아. 그게 끝이 아니야. 결국에는 물이 바다를 덮음같이 여호와의 영광을 인정하는 것이 세상에 가득하게 되는, 그런 은혜의 날이 오게 될 거야. 그러니 그날을 바라보고 믿음으로 살아라"(합 1:2-2:14 참조). 하나님의 대답을 들은 하박국은 바벨론 군대가 쳐들어오는 모습을 상상만 해도 무서웠습니다. 전쟁이 얼마나 무서운 일입니까? 전쟁이 한 번 지나가면 그 전쟁 전과 후로 사람들의 인생관과 세계관이 바뀐다고 합니다. 고대나 지금이나 전쟁은 무시무시한 경험입니다. 그런 전쟁의 공포와 두려움이 하박국에게 몰려왔을 것입니다. 그럼에도 불구하고 하박국의 마지막 부분은 놀라운 하박국 선지자의 고백을 기록하고 있습니다.

> 비록 무화과나무가 무성하지 못하며 포도나무에 열매가 없으며 감람나무에 소출이 없으며 밭에 먹을 것이 없으며 우리에 양이 없으며 외양간에 소가 없을지라도 나는 여호와로 말미암아 즐거워하며 나의 구원의 하나님으로 말미암아 기뻐하리로다(합 3:17-18).

마라의 상황에 놓인 하박국은 하나님께 나아갔습니다. 그는 기쁘지 않았습니다. 바벨론 군대에 의해서 유다 백성이 짓밟힐 것을 생각하니 이루 말할 수 없는 두려움이 엄습했습니다. 그것은 생각만 해도 최악의 마라였습니다. 그 마라의 상황을 하박국 선지자는 시적으로 표현합니다. 그 마라는 무화과나무가 무성하지 못하고, 포도나무에 열매가 없고, 감람나무의 소출이 없고, 밭에 먹을 것이 없고, 외양간에 소가 없는 상황이었습니다. 이보다 최악의 상황이 어디 있겠습니까? 하지만 그는 고백합니다. "나는 여호와로 말미암아 즐거워하고 나의 구원의 하나님으로 말미암아 기뻐하리로다." 이 고백 속에는 공식이 없습니다. 그 대신 신비가 있습니다. 바로 믿음의 신비입니다. 어떻게 마라에서 "즐거워하고 기뻐하리로다."라는 말을 할 수 있을까요? 하박국 선지자가 웨스트민스터 소요리문답 1문답을 배워서 그 공식을 적용했기 때문이 아닙니다.[9] 그는 칼빈이 그랬듯이 마라의 현실 속에서 하나님의 약속을 믿음으로 붙잡았습니다. "물이 바다를 덮음같이 여호와의 영광을 인정하는 것이 세상에 가득"하게 될 것을 믿었습니다(합 2:14). 그 과정을 통해서 하나님의 뜻이 이루어질 것을 믿었습니다. 믿음으로 멀리 바라본 것입니다. 하나님이 하실 일, 선하신 하나님께서 은혜와 자비와 넘치는 영광으로 이루실 일들을 바라보았습니다. 하박국이 "즐거워하며 기뻐하리로다."라고 한 말은 미래 시제로 번역이 되는 단어입니다. 바로 이것이 하나님의 자녀가 어떻게 마라의 현실에서 기뻐할 수 있는지를 설명합니다. 그것은 바로 믿음으로 약속을 붙잡는 것입니다.

---

[9] 웨스트민스터 소요리문답 1문에 대한 답은 "인간의 최고의 목적은 하나님을 영화롭게 하고 그분을 영원토록 즐거워하는 것입니다."이다.

우리를 부르신 하나님의 뜻

또 하나 기억할 것이 있습니다. 그것은 우리가 인생에서 마라를 만날지라도 하나님께서 쓴 물을 단물로 바꾸신다는 사실입니다. 성경은 "마라의 쓴 물 때문에 백성들이 엘림으로 갔다"고 말하지 않습니다. 하나님께서 한 나무를 가리키셨고, 그 나무를 물에 던져 넣으니 쓴 물이 단물로 변했다고 기록합니다. 쓴 물에 던져진 그 나무는 바로 우리 주 예수 그리스도의 십자가를 보여 주는 예표입니다. 우리의 쓰디쓴 인생, 마라 같은 인생, 답 없는 인생을 달게 바꾸시는 것은 주 예수 그리스도의 십자가뿐입니다.

예수 그리스도의 십자가는 우리가 인생에서 만나는 모든 마라의 쓴 물을 달게 하는 능력입니다. 예수 그리스도의 십자가는 우리가 견뎌 내야 하는 고난이 인생의 축복이라고 억지를 부리게 하는 것이 아니라 실제로 그렇게 여기게 만드는 힘입니다. 하나님께서 세우신 나무, 예수 그리스도의 십자가가 우리 인생의 모든 고통과 고난의 마라를 능히 감당하게 해 주고, 심지어 그것을 달게 받게 하십니다. 그런 십자가의 은혜와 능력을 맛보는 자리가 우리 인생의 마라입니다. 엘림에서는 이것을 경험할 수 없습니다. 너무 좋지만 이런 신비는 맛보기 어렵습니다. 오직 마라에서만 쓴 물을 경험하고, 우리의 비통함을 발견하게 되고, 내 안에 있는 쓴 뿌리를 보게 되고, 그 속에서 그것을 고치시는, 물만 고치시는 것이 아니라 내 안의 쓴뿌리를 고치시는 십자가의 능력을 경험할 수 있습니다. 그런데도 여전히 마라는 불행하고 엘림은 행복하다는 공식을 가지고 살 것입니까?

그리스도인은 마라의 은혜와 엘림의 은혜 모두를 누리며 살아가는 사람입니다. 이것은 공식이 아니라 신앙의 신비 속으로 들어가는 삶입니다. 마라에서는 하나님의 약속을 붙잡고, 엘림에서는 하나님께서 주시는 선물을 누리는 삶입니다. 자기중심적인 행복 추구 성향을 가지고 평생 자기의 편안함만을 추구하며 살아가는 인생이 아니라, 천로역정을 함께 걷는 지체들과 더불어 때로는 엘림, 때로는 마라를 경험하며 서로를 사랑하고 살아가는 것입니다. 그리스도의 십자가는 내가 비록 답 없는 인생을 살아갈지라도 답 없이 살아가는 다른 형제들을 사랑하게 하는 능력입니다. 이것이 바로 우리를 성도와 교회로 부르신 하나님의 뜻입니다.

묵/상/을/위/한/질/문

1. 당신에게 '마라는 불행, 엘림은 행복'이라는 공식이 있지 않았는지 돌아보십시오. 그 공식이 당신의 삶에서 행복과 불행을 경험할 때 어떤 영향을 미쳤습니까?

2. 당신의 인생에서 "불행하다"고 느꼈던 시간을 마라와 엘림의 은혜에 대한 새로운 깨달음에 비추어 다시 생각해 보십시오. 당신을 정말 불행하게 만든 것의 정체가 무엇이었습니까?

3. 엘림을 가나안이라고 착각했던 경험이 있는지 돌아보십시오. 그것이 당신의 신앙에 어떤 영향을 미쳤습니까?

4. 당신의 삶에서 마라에서 누렸던 은혜가 있었는지 돌아보고 그 은혜를 묵상해 보십시오.

누구든지 다른 교훈을 하며 바른 말 곧 우리 주 예수 그리스도의 말씀과 경건에 관한 교훈을 따르지 아니하면 그는 교만하여 아무것도 알지 못하고 변론과 언쟁을 좋아하는 자니 이로써 투기와 분쟁과 비방과 악한 생각이 나며 마음이 부패하여지고 진리를 잃어버려 경건을 이익의 방도로 생각하는 자들의 다툼이 일어나느니라. 그러나 자족하는 마음이 있으면 경건은 큰 이익이 되느니라. 우리가 세상에 아무것도 가지고 온 것이 없으매 또한 아무것도 가지고 가지 못하리니 우리가 먹을 것과 입을 것이 있은즉 족한 줄로 알 것이니라. 부하려 하는 자들은 시험과 올무와 여러 가지 어리석고 해로운 욕심에 떨어지나니 곧 사람으로 파멸과 멸망에 빠지게 하는 것이라. 돈을 사랑함이 일만 악의 뿌리가 되나니 이것을 탐내는 자들은 미혹을 받아 믿음에서 떠나 많은 근심으로써 자기를 찔렀도다.

네가 이 세대에서 부한 자들을 명하여 마음을 높이지 말고 정함이 없는 재물에 소망을 두지 말고 오직 우리에게 모든 것을 후히 주사 누리게 하시는 하나님께 두며 선을 행하고 선한 사업을 많이 하고 나누어 주기를 좋아하며 너그러운 자가 되게 하라. 이것이 장래에 자기를 위하여 좋은 터를 쌓아 참된 생명을 취하는 것이니라.

_ 디모데전서 6:3-10, 17-19

4. 그리스도인은 어떻게 살아야 하는가?

– 부자 되기 vs. 사랑하기

육체의 소욕과 성령의 싸움

바울 사도는 "우리는 보는 것으로 행하지 않고 믿음으로 행한다"고 말했습니다(고후 5:7 참조). 그의 말처럼 그리스도인은 믿음으로 삽니다. 하지만 이 말에는 설명이 필요합니다. 모두가 믿음으로 산다고 말하지만 '믿음으로 사는 것이 구체적으로 어떤 것인가?'라는 질문에는 설명이 필요하고, 성경은 그것을 충분하게 설명하고 있습니다.

사실 바울 사도가 "믿음으로 행하고 보는 것으로 행하지 않는다"고 한 것은 새삼스러운 말이 아닙니다. 주전 6세기 초에 하박국 선지자도 "오직 의인은 믿음으로 말미암아 살리라"는 하나님의 말씀을 받았고, 그 말씀은 신약성경에서 로마서, 갈라디아서, 히브리서에 각각 인용되고 있습니다(롬 1:17; 갈 3:11; 히 10:38).

우리 안에서 꿈틀거리고, 죽었다 싶으면 다시 살아서 움직이는 죄성의 존재를 어떻게 설명할 수 있을까요? 영화 〈터미네이터 2〉(Terminator 2)에는 T1000이라는 액체금속인간이 등장합니다. 그는 총을 쏘아도 죽지 않고, 불 속에 있어도 액체로 녹았다가 다시 원형이 복구됩니다. 당할 재주가 없습니다. 어제는 우리가 믿음과 주의 말씀으로 우리 안에 있는 죄성을 죽이고 이겼는데, 오늘 그것이 다시 꿈틀거리고 우리 안에서 일어나 우리를 도전하는 것처럼 말입니다.

앞에서 저는 인간이 행복을 추구하는 것은 하나님께서 그분의 형상으로 우리를 창조하실 때 의도하신 모습이라고 했습니다. 그래서 모든 인간이 행복을 추구하는 것은 문제가 아니지만, 그 행복 추구 본능이 죄성과 만날 때 문제가 된다고 했습니다. 죄성은 자기중심성입니다. 철저한 자기중심성입니다. 그래서 자신만 행복하면 일단은 괜찮다고 느낍니다. 다른 사람이 죽든, 굶든, 어떤 일을 당하든 크게 개의치 않을 수 있습니다. 자신만 괜찮으면 문제가 없는 것입니다.

인간 사회에서 사람들이 추구하는 행복이 주로 이런 방식으로 나타나기 때문에 역사 속에서는 다툼과 전쟁이 쉼 없이 일어납니다. 남을 죽이고, 남의 것을 빼앗아서라도 자신만 행복하면 되기 때문입니다.

두세 살 어린아이들이 모여 있는 방에서 가장 많이 들을 수 있는 말은 바로 "내 꺼."입니다. 남이 가지고 온 것도 "내 꺼." 다른 친구가 놀다가 잠깐만 내려놓아도 "내 꺼." 내가 먼저 봤으면 "내 꺼." 언젠가 책을 읽다가 이런 내용의 노래가 있다는 것을 알게 되었습니다. "무조건 내 꺼. 내가 먼저 봤으니까 내 꺼. 니가 잠깐 내려놨으니까 내 꺼. 다 내 꺼." 마지막에는 이런 가사가 덧붙습니다. "망가지면 니 꺼."

이와 같이 우리는 범죄한 아담의 후손으로 태어날 때부터 자기중심성이라는 죄성의 DNA를 가지고 태어나 아주 어릴 때부터 자기중심적인 행복을 추구하는 게 자연스럽고 익숙한 삶을 살아갑니다. 그래서 '너는 불행해도 되지만 나는 행복해야 돼. 네 불행이 내 행복이라도 괜찮아.' 하는 식으로 행동합니다.

하지만 아이들만 그럴까요? 그렇지 않습니다. 개인도, 집단도, 사람은 다 마찬가지입니다. 대부분의 사람들이 그런 방식으로 반응하며 살아갑니다. 그렇다면 거듭난 하나님의 자녀들은 다른가요? 하나님께서는 거듭난 그리스도인에게 신적 본성을 주십니다. 즉 예수 믿는 사람 안에는 신적 본성이 있습니다. 그 신적 본성과 행복 추구가 만나면 세상 사람들과는 조금 다르게 반응하게 됩니다. 은혜롭게 반응하게 되는 것입니다. 다른 사람들에게 선을 베푸는 방식으로, 다른 사람들의 행복을 추구하는 방식으로 자기중심성을 벗어버리는 일이 일어납니다. 바울 사도는 이런 일이 그리스도인 안에서 저절로 쉽게 일어난다고 말하지 않습니다. 이것은 그리스도인의 마음에서 일어나는 싸움의 결과입니다. 갈라디아서 5장에서 말하는 "육체의 소욕과 성령의 싸움"이 그것에 대한 바울 사도의 설명입니다.

신자 안에 남아 있는 죄성이 끈질기게 재형성되고 다시 살아나서 우리를 괴롭히고 도전하는 것을 과소평가하면 안 됩니다. 오늘의 승리가 내일의 승리를 보장하지 않습니다. 그래서 히브리서 기자는 "죄와 싸우되 피 흘리기까지 싸워야 한다"고 말합니다(히 12:4 참조). 하지만 일상을 살다 보면 이런 생각을 잘 안 하게 됩니다. 그러나 단지 생각을 안 한다고 해서 그리스도인들의 삶 속에 이런 싸움이 없을까요?

그것은 불가능합니다. 그리스도인에게 주신 신적 본성이 있기 때문입니다. 당신의 삶에 이 싸움이 없다면 당신은 거듭난 사람이 아닐 가능성이 매우 높습니다. 당신이 교회생활을 얼마나 오래 했든 상관없이 말입니다.

이런 상황에서 매 주일 그리스도인들이 모여 하나님을 예배합니다. 그들이 하나님을 예배할 때 어떤 일들이 일어납니까? '그냥 예배를 드리는 거지 무슨 일이 일어난다는 말이지?'라고 생각하십니까? 아니면 당신은 형제들과 함께 모여 하나님을 예배할 때 어떤 일이 일어날 것이라고 기대하십니까? 하나님은 말씀하시는 분입니다. 기록된 말씀인 성경을 통해서 하나님은 자기 백성에게 말씀하십니다. 우리가 듣고 싶은 말씀을 하시는 것이 아니라 우리가 꼭 들어야 할 말씀을 하십니다. 이 세상에서 사람의 눈치를 보지 않고 가장 정직하게 말씀하시는 분은 오직 하나님뿐입니다.

하나님은 언제나 우리가 듣고 싶은 말씀이 아니라 들어야 할 말씀을 하십니다. 하나님의 말씀이 성령의 능력 안에서 선포될 때 그 말씀은 그리스도인 안에 있는 신적 본성을 강화해서, 반복적으로 끈질기게 재형성되고 살아나는 죄성과 싸워 죄성을 죽이는 역할을 하게 됩니다.

우리 안에서 그런 일이 일어나야 합니다. 예배 시간에 선포되고 듣는 하나님의 말씀이 우리의 죄성에 결정적인 타격을 가하는 일이 반복적으로 일어나야 합니다. 주의 말씀이 우리 안에 있는 신적 본성을 점점 강화시켜 주는 일을 하는 것입니다. 그리스도인은 하나님의 말씀을 들을 때 히브리서 4장에서 말씀한 것처럼 그 말씀을 믿음과 결부시킴으로써 그 능력과 유익을 경험하게 됩니다(히 4:2).

이 일이 공예배가 드려지는 주일 아침마다 일어납니다. 그렇다고 해서 그리스도인이 매일의 삶 속에서 영적인 싸움을 하지 않아도 된다는 말은 아닙니다. 우리는 매일 싸웁니다. 이것은 날마다 자기를 부인하고 자기 십자가를 지는 싸움입니다(마 16:24). 우리가 매일 기도와 말씀으로 하나님 앞에 나아가야 하는 이유는 오늘의 싸움을 감당할 힘이 우리에게 매일 필요하기 때문입니다.

하나님은 공예배에서 선포되는 말씀을 통해 특별히 강력하게 역사하십니다. 그 시간에 선포되는 말씀은 한 주 동안 우리가 싸울 힘과 이유를 주고, 우리를 각성시키고 분발하게 하여 날마다 하나님 앞에 나아가게 합니다. 우리 모두가 매일의 삶 속에서 그런 일을 감당해야 합니다.

그러나 우리는 이 싸움을 혼자 감당하도록 부름 받지 않았습니다. 우리는 외톨이로 살도록 부름 받은 것이 아니라 함께 사는 교회로 부름 받았습니다.

교회로 부름 받았다는 것은 우리가 주의 말씀을 들을 뿐 아니라 하나님께서 베푸신 은혜의 흔적들을 서로를 통해 보아야 한다는 것을 의미합니다. 그래서 예배를 드릴 때 모두가 하나같이 앞만 바라보지 않고 둥그렇게 앉아서 서로를 바라보는 것도 필요하다고 주장하기도 합니다. 예배드리는 하나님의 자녀들이 하나님의 은혜의 흔적이고 결과이기 때문입니다. 그러므로 우리는 하나님을 바라보면서, 하나님의 은혜의 열매인 서로를 바라볼 필요가 있습니다.

교회의 교제는 예배만큼이나 본질적입니다. 하나님께서 우리에게 베푸신 은혜를 나누고, 하나님께서 우리에게 주신 말씀에 대한 우리의 반응을 나누고, 우리의 삶을 나누면서, 서로를 돌보고, 사랑하고, 돕는다는 면에서 교제는 신앙생활과 교회생활의 선택 사항이 아니라 필수 사항입니다. 세상에서 혼자 할 수 없는 두 가지 일이 바로 결혼과 그리스도인이 되는 것이라고 한 폴 투르니에(Paul Tournier)의 말대로, 혼자 하는 신앙생활이란 존재하지 않습니다.

그래서 우리는 "나에게 이런 싸움이 있으니 도와 달라"고 성도들에게 요청해야 합니다. 그렇게 서로 도우며, 함께 싸우며, 천로역정을 걸어가는 것입니다.

두 가지 인생관

디모데전서는 노사도인 바울이 에베소교회를 목회하던 젊은 목회자 디모데에게 쓰는 목회 코칭 편지입니다. 젊은 목회자. 요즘 식으로 표현하면, 신학은 배웠지만 그것을 어떻게 목양의 환경에서 사용하고 적용해야 할지 잘 모르는 사람이라고 할 수 있겠습니다.

바울은 자신의 영적 아들인 디모데에게 결코 짧지만은 않은 여섯 장의 편지, 디모데전서를 썼습니다. 특별히 그 편지의 결론 부분이 놀랍습니다. 언제나 결론에서 하는 말은 중요하지 않습니까? 그런데 이 편지의 결론부에서 하는 대부분의 이야기는 놀랍게도 돈과 관련된 이야기입니다. 돈에 대한 태도, 부자가 되려는 태도, 그리고 이미 부자로서 살아가는 형제들에 대한 권면입니다.

여기서 우리는 이런 질문을 던져 볼 수 있습니다. '돈과

부의 문제가 그토록 중요한 주제인가? 목회에서 돈과 부의 문제가 그토록 중요하게 다루어져야만 하는 것인가?'

디모데전서의 결론 부분에는 두 가지 대립되는 인생관, 또는 삶의 양식이 나타납니다. 하나는 성공하는 삶, 성공을 추구하는 삶입니다. 세상의 눈으로 볼 때 이런 삶은 매우 자연스러운 것입니다. 그리고 또 하나의 인생관은 사랑하는 삶, 사랑을 추구하는 삶입니다. 더 많이 사랑하고 싶어하는 삶입니다. 지금부터 이 두 가지 인생관을 저는 "부자 되기"와 "사랑하기"라고 부르겠습니다.

사실 모두가 부자 되기를 원하지 않습니까? "나는 가난한 게 좋습니다. 주님, 제게 있는 것을 다 가져가시옵소서."라고 기도할 사람이 있을까요?

여기서 바울 사도가 다루는 문제의 핵심은 '우리의 마음이 어디에 있느냐' 하는 것입니다. 바울 사도는 "부하려 하는 자들"(딤전 6:9)이라는 말로 그 마음의 문제를 다루려 하고 있습니다. 부하려 하는 마음, 부자가 되는 것이 목표가 되는 마음의 문제 말입니다. 또 10절에서는 "돈을 사랑하는 것이 일만 악의 뿌리"라고 이야기합니다. 돈이 일만 악의 뿌리가 아닙니다. "돈을 사랑하는 것이 일만 악의 뿌리"입니다. 이것은 돈을 사랑하는 마음의 문제입니다. 돈이 인생의 목적이 되는 인생관, 돈을 행복의 조건으로 삼는 데 조금의 주저함도 없이 동의하는 인생관입니다. 지금 현재 부자이든 아니든 상관없습니다. 현재의 상황에 관계없이 "부하려 하는 자들"의 삶은 위험하다는 것입니다.

이와 대립되는 인생관으로 바울 사도는 "사랑하는 삶"을 말합니다. 3절의 "누구든지 다른 교훈을 하며"라는 말은 거짓 교사들에 대한 언급입니다. 바울 사도가 복음을 전하고 떠나면, 그 교회에 가만히 들어와서 바울 사도가 전한 복음이 아닌 다른 복음을 전하는 거짓 교사들이 많았습니다. 젊은 목회자인 디모데도 이 거짓 교사들과의 싸움을 감당해야 했습니다. 다른 교훈을 전한다는 것은 예수 그리스도에 대한 바른 말, 우리 주 예수 그리스도와 경건에 관한 교훈을 따르지 않는 것입니다. '바른'이라는 말은 건강에 이상이 없는 상태를 말하는 의학용어입니다. 즉 예수 그리스도에 대한 바른 말은 경건에 관한 바른 복음과 바른 교리를 가르칠 때 바른 삶, 건강한 삶이 나온다는 의미입니다. 건강한 삶은 단순히 윤리적, 도덕적으로 잘 사는 것이 아닙니다. 그리스도인이 건강한(바른) 삶을 살아가려면 건강한 복음(바른 말씀)

이 절대적으로 필요합니다. 그렇지 않으면 윤리적으로는 건강한 삶을 살아가는 것같이 보여도 하나님께서 인정하시는 온전하고 건강한 삶은 될 수 없습니다.

믿음의 척도

바울 사도는 디모데전서 6장 3-5절에서 거짓 교사들에 대한 언급으로 이 서신의 결론부 말씀을 시작합니다.

> 누구든지 다른 교훈을 하며 바른 말 곧 우리 주 예수 그리스도의 말씀과 경건에 관한 교훈을 따르지 아니하면 그는 교만하여 아무것도 알지 못하고 변론과 언쟁을 좋아하는 자니 이로써 투기와 분쟁과 비방과 악한 생각이 나며 마음이 부패하여지고 진리를 잃어버려 경건을 이익의 방도로 생각하는 자들의 다툼이 일어나느니라.

교만한 사람의 특징은 아무것도 모르면서 다 안다고 생각하는 것입니다. 이런 사람들이 거짓 교사이고, 거짓 교사를 따르는 사람들도 크게 다르지 않습니다. 이 사람들이 만들어 내는 결과는 변론과 언쟁입니다. 언제나 다툼을 일으킵니다. 말싸움을 합니다. 투기와 분쟁과 비방과 악한 생각, 부패한 마음으로 진리를 잃어버립니다. 그 결과는 경건을 이익의 재료와 방도로 삼게 되는 것입니다. 쉽게 말해 그들이 설교하고 말씀을 연구하는 것은 모두 돈을 위해서입니다. 그것이 돈을 벌 수 있게 해 주기 때문입니다.

결국 그들에게는 하나님을 믿는 것, 신앙, 경건 등이 다 돈벌이의 수단일 뿐입니다. 돈을 추구하는 종교 장사꾼이 되는 것입니다. 이것이 '부자 되기' 인생관의 특징입니다.

대부분의 사람들은 물건을 만들거나, 팔거나, 직장에서 일한 것에 대한 보수로 돈을 받습니다. 하지만 거짓 교사들은 그런 수준을 넘어섭니다. 그들은 종교의 영역에 들어와서 복음으로 장사를 하는 사람들입니다. 사도들이 살던 1세기에도 그러했다면 21세기인 오늘날 한국 교회에서 이런 사람들을 보는 것은 조금도 이상한 일이 아니고 놀랄 일도 아닙니다. 그리고 그들의 거짓 복음을 추종하는 모든 사람이 동일한 인생관을 가지고 살아가는 사람들입니다.

디모데전서 6장 6-8절은 이와 반대 되는 인생관을 보여 줍니다.

그러나 자족하는 마음이 있으면 경건은 큰 이익이 되느니라. 우리가 세상에 아무것도 가지고 온 것이 없으매 아무것도 가지고 가지 못하리니 우리가 먹을 것과 입을 것이 있은즉 족한 줄로 알 것이니라.

참된 신앙으로 살아가는 인생이 어떤 인생인지를 잘 보여주는 말씀입니다. 이 구절의 핵심 단어가 무엇일까요? 바로 "자족"입니다. '믿음'이라는 단어와 '자족'이라는 단어를 분리시키고 싶은 사람이 있을지 모르겠습니다. 하지만 믿음과 자족은 분리되지 않습니다. 자족은 너무도 중요한 우리 믿음의 시금석입니다. 우리에게 믿음이 있다면 그 믿음은 우리를 자족하게 합니다. 자족이라는 헬라어 단어는 본래 '자신 안에 모든 자원을 가진 사람, 그 누구에게도 무엇에 대하여도 의존할 필요가 없는 사람'을 가리키는 말입니다. 이 사전적 의미를 고려한다면, 예수님을 믿고 바라던 대로 부자가 된 경우에는 자족이라는 말이 어울릴 수 있겠지만, 그런 경우가 아니라면 바울 사도는 어떤 의미로 자족을 말하고 있는 걸까요? 바울 사도가 그리스도인이 자족해야 한다고 말하는 것은 우리가 모든 것을 다 소유했기 때문에 자족하라고 말하는 것이 아니라 그리스도께서 모든 것을 다 가지고 계신 분이기에 자족해야 한다고 말하는 것입니다. 자족을 가장 잘 보여 주는 성경구절은 시편 23편을 시작하는 고백입니다. "여호와는 나의 목자시니 내게 부족함이 없으리로다"(시 23:1). 우리가 알다시피, 다윗은 자기 삶에 어떤 부족함도 없도록 완벽하게 다 채워졌기 때문에 이렇게 고백한 것이 아니었습니다. 그는 하나님 안에 모든 것이 있음을 알았습니다. 이것이 자족입니다.

바울 사도는 빌립보서 4장 12-13절에서 자족이 무엇인지를 잘 보여 줍니다.

> 나는 비천에 처할 줄도 알고 풍부에 처할 줄도 알아 모든 일 곧 배부름과 배고픔과 풍부와 궁핍에도 처할 줄 아는 일체의 비결을 배웠노라. 내게 능력 주시는 자 안에서 내가 모든 것을 할 수 있느니라.

다윗의 고백과 조금도 다르지 않은 고백입니다. 자족은 객관적으로 볼 때 부족한 게 많지만 주관적으로는 부족함을 느끼지 않는 것입니다. 모든 걸 다 갖춘 것 같아 보이는데도 마음이 채워지지 않는 사람들이 많습니다. 사실 대부분의 사람들이 그렇게 만족함 없이 살아갑니다. 그래서 자족은 "믿음의 척도"라고 할 수 있습니다. 오직 그리스도인만이 누릴 수 있는 특권입니다. 바울 사도는 디모데전서 6장 8절에서 이렇게 말합니다. "우리가 먹을 것과 입을 것이 있은즉 족한 줄로 알 것이니라."

우리를 불편하게 하는 싸움

우리 모두에게는 원하는 것이 있습니다. 갖고 싶은 게 있습니다. TV 광고를 볼 때마다 사고 싶은 게 있습니다. 다른 사람이 가지고 있는 물건이 좋아 보이고 탐나기도 합니다. '견물생심'(見物生心)이라는 옛말도 있습니다. 보면 갖고 싶다는 말입니다. 그래서 우리가 눈을 감고 살지 않는 한 자족하기가 참으로 어렵습니다. 뿐만 아니라 세상에는 비교 대상이 너무 많습니다.

'옛날에는 나보다 늦었는데 지금은 더 빨리 가네?'
'나보다 공부도 못했는데 더 성공해서 큰 집에 사네.'
'나보다…'

비교할 것이 한두 가지가 아닙니다. 이와 같이 우리에게는 다른 사람과 비교하여 더 우월한 사람이 되고 싶어하는 마음이 있습니다. 그런 우리에게 바울 사도는 "먹을 것과 입을 것이 있은즉 족한 줄로 알라"고 말합니다(딤전 6:8).

이 말에 "아멘"이 되십니까? 아니면 당신의 한숨을 대체하는 "주여!"가 나오십니까? 혹시 "어쩌라는 말입니까!"하는 탄식이 나오지는 않습니까?

이것은 그리스도인이 결코 무시할 수 없는 하나님의 말씀입니다. 이것은 우리 신앙생활에서 정말 중요한 문제를 다룬 말씀입니다. 우리는 이런 싸움을 하지 않고 피하려고만 합니다. 이 싸움이 불편하기 때문입니다. 그래서 이 문제를 제쳐두고, 우리의 믿음을 다른 방면에서, 다른 방식으로 사용하려고 합니다. 불편한 말씀들은 전부 창고 속에 집어넣으려고 합니다. 놀랍게도 그와 같이 불편한 말씀 대부분은 돈과 연관된 말씀들입니다. 제 경험상 '돈'이라는 주제를 다루는 설교를 할 때에는 조는 사람이 거의 없습니다. 그 말씀이 돈에 대한 우리의 감수성을 일깨워 예민해지게 만들기 때문입니다. 어느 학자의 연구에 따르면, 주님이 하신 말씀의 3분의 1이 돈과 소유에 관한 말씀이라고 합니다.

우리는 많은 것을 소유로 측정하는 데 너무나 익숙합니다. 소유가 행복의 조건인 것처럼, 소유가 그 사람의 정체성인 것처럼 생각하는 버릇도 있습니다. 그래서 바울 사도는 디모데전서 6장 7절에서 이렇게 말합니다. "우리가 세상에 아무것도 가지고 온 것이 없으매 또한 아무것도 가지고 가지 못하리니." 우리가 입을 것과 먹을 것으로 족함을 표현할 수 있는 근거가 바로 이 구절입니다. 이 세상을 떠날 때 우리는 아무것도 가지고 갈 수 없습니다.

디모데전서 6장 6절을 다시 살펴보겠습니다.

그러나 자족하는 마음이 있으면 경건은 큰 이익이 되느니라.

자족하는 마음이 있으면 경건은 큰 이익이 됩니다. 거짓 교사들의 특징은 경건을 이익의 수단으로 삼았다는 것이었습니다. 경건을 돈벌이의 수단으로 삼은 것입니다. 이 구절에서 바울 사도는 "이익"이라는 단어를 언급하면서 문맥을 벗어나지 않습니다. 즉 경건을 돈과 연결시켜서 설명합니다. 쉽게 말하면 이 말은 "경건은 그 자체로 큰 이익이고 횡재야."라는 뜻입니다. 그냥 이익이 아니라 큰 이익입니다.

"경건은 돈을 벌 수 있는 수단이 아니라 경건 자체가 큰 이익이야. 경건 자체가 횡재야. 경건하다는 것 자체로 너는 엄청난 이익을 누리고 있는 거야."라는 말입니다.

부하려 하는 자들

경건을 돈벌이 수단으로 전락시킨 것은 거짓 교사들에게만 해당되는 말이 아니기 때문에 무서운 말씀입니다. 우리 자신에게 자족하는 마음이 없다면 우리의 경건은 아무 도움이 되지 않을 것입니다. 우리가 매 주일 예배하는 것, 매일 하나님의 말씀을 읽고, 묵상하고, 기도하는 삶을 성실하게 살아가는 것, 교회에서 봉사하는 것 등의 경건의 모양이 있을지라도 자족함이 없으면 그것이 우리의 영혼에 전혀 유익을 주지 않습니다.

결국 처음에 던졌던 질문, 보는 것으로 행하지 않고 믿음으로 행한다는 말씀의 의미는 자족함을 위한 싸움을 하며 살아간다는 뜻입니다. 그런데도 우리는 이것을 자꾸 믿음과 분리시키려고 합니다. "나는 믿음으로 살아. 그러나 자족하는 건 좀 약해."라고 하면서 말입니다.

부하려 하는 자들은 시험과 올무와 여러 가지 어리석고 해로운 욕심에 떨어지나니 곧 사람으로 파멸과 멸망에 빠지게 하는 것이라. 돈을 사랑함이 일만 악의 뿌리가 되나니 이것을 탐내는 자들은 미혹을 받아 믿음에서 떠나 많은 근심으로써 자기를 찔렀도다(딤전 6:9-10).

이 구절은 부하려 하는 자들을 향한 말씀입니다. 엄밀하게 말하면 부자와 가난한 자에게 하는 말이라기보다, 부하려는 욕심을 가진 사람들에게 탐욕과 자족을 가르치는 말씀입니다. 여기서 "부하려 하는 자들"은 돈을 자기 욕심의 대상으로 삼고 살아가는 모든 사람을 일컫습니다. 그런 사람들은 "시험과 올무와 여러 가지 어리석고 해로운 욕심에 떨어지나니 곧 사람으로 파멸과 멸망에 빠지게" 합니다. 계속 그 길을 가면 결국 망한다는 이야기입니다. 성경에 그런 사람이 얼마나 많습니까?

바울을 따라다니다가 세상을 사랑해서 떠난 "데마"라는 사람이 있습니다(딤후 4:10). 구약 시대 엘리사의 사환이었던 "게하시"는 재물에 대한 욕심을 이기지 못하고 나아만 장군을 따라갔다가 한센병자가 되고 맙니다(왕하 5:20-27). "아간"

은 하나님께 바쳐진 성에서 물건을 훔쳤고, 그 일 때문에 이스라엘 전체가 어려움을 당했습니다(수 7:1-26). "아나니아"와 "삽비라"가 비참한 죽음을 맞게 된 것도 돈을 사랑했기 때문이었습니다(행 5:1-11). "가룟 유다"도 마찬가지입니다. 그는 예수님과 제자들의 돈궤에서 돈을 훔쳐가는 도둑이었습니다(요 12:6). 나봇의 포도원을 가지고 싶어한 "아합" 왕의 탐심은 결국 이세벨의 음모로 거짓 증인들을 세워 주인인 나봇을 죽이고 그의 포도원을 차지하는 결과를 낳았습니다(왕상 21:1-16, 하나님은 아합과 이세벨의 이 악행을 심판하셨습니다). 이와 같이 성경에는 돈을 사랑하거나 재물에 대한 탐심 때문에 스스로를 파멸과 멸망에 빠뜨린 많은 사람에 대한 기록이 있습니다.

디모데전서 6장 9절을 이렇게 읽으면 안 됩니다. "부하려 하는 자들은 시험과 올무와 여러 가지 어리석고 해로운 욕심에 떨어질 수도 있다." 그렇지 않습니다. 반드시 시험과 올무와 여러 가지 어리석음과 해로운 욕심에 떨어지고 맙니다. 그래서 그리스도인은 자신이 돈을 추구하는 삶을 사는 것은 아닌지, 돈이 삶의 목적이 된 것은 아닌지 스스로를 항상 돌아보아야 합니다.

돈은 인생의 목적이 아니고 될 수도 없습니다. 탐심은 곧 우상 숭배입니다(골 3:5; 엡 5:5). 바울 사도는 디모데전서 6장 10절에서 더 분명하게 말합니다.

> 돈을 사랑함이 일만 악의 뿌리가 되나니 이것을 탐내는 자들은 미혹을 받아 믿음에서 떠나 많은 근심으로써 자기를 찔렀도다.

돈이 일만 악의 뿌리가 아닙니다. 돈을 사랑하는 것이 일만 악의 뿌리입니다. 돈을 추구하는 것이 일만 악의 뿌리입니다. 그 결과는 믿음에서 떠나는 것입니다.

이것은 우리의 경험으로도 부인할 수 없는 사실입니다. 돈을 사랑하면 절대로 제대로 된 믿음생활을 할 수 없습니다. 그래서 우리는 모든 것을 돈으로 측정하는 방식에서 벗어나야 합니다. 우리는 돈으로 사람을 판단하고, 평가하고, 측정하는 세상에 살고 있습니다. 세상에서는 그것이 정상입니다. 하지만 그리스도인의 삶에서 그것은 정상이 될 수 없습니다. 하나님께서는 우리를 소유로 판단하지 않으시기 때문입니다.

디모데전서 6장 3-10절은 두 가지 인생관을 '탐욕'과 '자족' 두 단어로 설명합니다. 이것은 우리가 그리스도인으로서 취사선택할 수 있는 두 가지 인생관이 아닙니다. 그리스도인은 자족의 길을 가고, 그리스도인이 아닌 사람은 탐욕의 길을 가는 것입니다.

부자를 향한 바울의 권고

디모데전서 6장 17-19절 말씀은 편지 마지막에 붙는 추신과도 같은 부분입니다.

바로 앞 절인 16절에서 바울 사도는 다음과 같은 송영으로 사실상 이 서신을 끝냈습니다.

> 오직 그에게만 죽지 아니함이 있고 가까이 가지 못할 빛에 거하시고 어떤 사람도 보지 못하였고 또 볼 수 없는 이시니 그에게 존귀와 영원한 권능을 돌릴지어다. 아멘.

그런데 이 구절 뒤로 17절이 이어집니다. 덧붙여야 할 말이 있었던 것입니다. 이것은 단순히 바울 혼자 생각한 것이 아니라 성령께서 그에게 영감을 주셔서 강조하게 하신 부분일 것입니다. 그렇다면 대체 어떤 이야기가 마지막에 덧붙여진 것일까요?

> 네가 이 세대에서 부한 자들을 명하여 마음을 높이지 말고 정함이 없는 재물에 소망을 두지 말고 오직 우리에게 모든 것을 후히 주사 누리게 하시는 하나님께 두며 선을 행하고 선한 사업을 많이 하고 나누어 주기를 좋아하며 너그러운 자가 되게 하라(딤전 6:17-18).

이 추신 부분에서 바울 사도는 물질과 관련하여 한층 더 적극적인 교훈을 줍니다. "이 세대에서 부한 자들"이라는 말은 9절의 "부하려 하는 자들"과는 다른 대상을 가리킵니다. "부하려 하는 자들"은 지금 현재 부하든 부하지 않든 부를 추구하고 살아가는 사람들입니다. 그러나 "이 세대에 부한 자들"은 현재 물질적으로 부한 상황에 있는 사람들을 가리킵니다. 이 말은 정죄나 칭찬의 개념이 없는 중립적인 말입니다. 그러므로 이 구절은 다음과 같이 표현될 수 있습니다. "디모데야, 에베소교회 안에 부유한 사람들이 있지? 그들에게 앞에서 말한 대로 권면하여 그들이 그렇게 살아갈 수 있도록 목양해야 한다."

  우리는 하나님의 섭리 가운데에서 우리에게 주신 몫이 다 다르다는 사실을 이해하고 인정해야 합니다. 우리 주변에는, 아니, 우리가 속한 신앙 공동체인 교회 안의 형제들 중에는 부자들이 있는가 하면 그렇지 않은, 혹은 경제적으로 어려운 형제들도 있습니다. 이 차이는 하나님께서 사랑하시는 정도를 의미하지 않으며, 그가 가진 믿음의 차이도 아닙니다. 우리가 이 땅에 사는 동안 다 이해할 수 없는, 그러나 당신의 자녀들에게 유익한 이유로 하나님께서 각자에게 허락하신 몫입니다. 우리 모두에게는 자신이 속한 자리에서 싸워야 할 믿음의 싸움이 있는 것입니다.

  우리는 우리를 너무나 잘 아시는 하나님께서 우리에게 가장 적합한 몫을 주신다는 것을 믿어야 합니다. 이것이 바로 자족의 근거입니다. 하나님의 주권과 섭리에 대한 이해와 신앙이 우리의 자족의 근거입니다. 옆을 돌아보면 '저 사람은 왜 저렇게 잘 살지?' 생각될 때가 있습니다. 살면서 우리는 계속 그런 비교를 합니다. 그러나 하나님께서 우리에게 주신 몫이 있습니다.

하나님께서 우리에게 주신 몫이라는 말은 연극의 배역 같은 것입니다. 영화나 연극, 또는 드라마에는 배역이 있습니다. 어떤 배우는 많은 부를 소유한 배역을 맡기도 하고, 그와는 거리가 있는 배역을 맡기도 합니다. 또는 같은 배우가 그가 출연하는 극에 따라 이런 배역, 혹은 저런 배역을 맡기도 합니다. 그저 배역인 것입니다.

우리는 각자 배역이 다를 뿐입니다. 배역을 연기가 아닌 진짜 삶으로 확장할 어리석은 배우는 없을 것입니다. 더욱이 그리스도인은 인생에서 맡은 배역을 영원의 관점으로 확대하지 말아야 합니다. 지금의 역할은 하나님께서 짧은 인생을 사는 동안 우리 인생에 주신 몫입니다. 줄로 재어서 주신 것입니다(시 16:6). 그러므로 "이 세대에서 부한 자들"도 부하다는 사실이 자만이나 교만의 근거가 되지 않도록 늘 스스로 경계해야 하며, "정함이 없는 재물에 소망을 두지 말고 오직 우리에게 모든 것을 후히 주사 누리게 하시는 하나님께 두고" 살아야 합니다(딤전 6:17).

하나님께서 후히 주신 사람들이 분명히 있습니다. 그렇게 하심으로써 하나님께서는 그들이 그것을 누리게 하셨습니다. "사치를 해도 좋다"는 말이 아닙니다. 사람마다 사치의 기준이 다르겠지만 이 부분을 잘 생각해야 합니다. 디모데전서 5장 6절은 다음과 같이 말합니다. "향락을 좋아하는 자는 살았으나 죽었느니라." 여기서 말하는 "향락"이 바로 '사치'입니다. 사치를 좋아하는 자는 사실상 돈을 사랑하는 자이고, 결국 "살았다고 하나 죽은" 사람, 곧 믿음이 없는 사람입니다. 이것은 하나님의 말씀입니다.

야고보서 5장 5절은 "너희가 땅에서 사치하고 방종하여 살륙의 날에 너희 마음을 살찌게 하였도다."라고 말합니다. 요한계시록 18장에도 하나님 없는 이 세상인 바벨론을 묘사할 때 "사치"라는 말이 여러 번 언급됩니다. 즉 성경은 사치와 방종이 그리스도인과 어울리지 않는 것임을 반복적으로 이야기합니다.

바울 사도는 디모데에게 다음과 같이 부한 형제들을 권면하라고 말합니다. 첫째는 "마음을 높이지 말고" 둘째는 "정함이 없는 재물에 소망을 두지 말라"는 것입니다.

먼저 마음을 높인다는 것은 무슨 뜻일까요? 만일 자신이 소유한 부 때문에 자신이 다른 사람들보다 더 좋은 특급대우를 받아야 한다는 마음으로 이어진다면 그것은 마음을 높이는 것입니다. 그리고 자신이 누군가에게 다른 대우를 받기 원하거나 특별한 영향력을 행사해야 되다고 느끼는 것도 마음을 높이는 것, 곧 교만해지는 것입니다. 그렇게 하지 말라는 말씀입니다.

생각해 보십시오. 교회 안에는 부한 사람도 있고 가난한 사람도 있습니다. 1세기에도 그랬고 지금도 그렇고 언제나 그렇습니다. 그런데 교회 안의 부한 사람이 단지 부자라는 이유로 영향력을 행사하며 교회를 자기 마음대로 움직이려 한다면 그 교회가 과연 정상적인 교회일까요? 아닙니다. 교회는 그렇게 운영되지 않습니다. 마음을 높이지 말라는 것은 그런 이야기입니다. 부자든 가난한 자든 하나님 나라의 백성이고, 하나님 나라의 백성은 심령이 가난한 사람들이기 때문입니다. '심령이 가난한 사람'이 그리스도인의 공통점입니다. 우리는 심령이 가난한 사람들입니다. 마음을 높이는 자가 아닙니다.

두 번째로 정함이 없는 것에 소망을 두지 말라는 것은 잘못된 안정감을 갖지 말라는 것입니다.

정함이 없다는 것은 불확실하다는 뜻입니다. 돈은 하루 아침에 없어지기도 합니다. 인생을 살다 보면 실제로 그런 일을 경험합니다. 그와 같이 불확실한 것에 "너의 안정감을 두지 말라"는 것입니다. 한마디로 돈은 의지할 대상이 아니라는 말씀입니다.

미국 화폐를 본 적이 있을 것입니다. 거기에 쓰여 있는 문구를 기억하십니까? 'IN GOD WE TRUST'(우리는 하나님을 신뢰한다)라고 쓰여 있습니다. 이 문구는 1864년 2센트 동전에서 처음 사용되기 시작했습니다. 1861년 새먼 체이스(Salmon P. Chase) 재무장관이 이 문구를 화폐에 넣을 것을 제안하기 위하여 조폐국장에게 보낸 공문에는 "하나님의 힘 없이는 어떤 나라도 강할 수 없고, 그분의 방어 없이는 안전할 수 없습니다. 하나님에 대한 우리 국민의 신뢰는 국가 동전에 선언되어야 합니다."라는 말이 있습니다.[10] 특별히 이 문구가 화폐에 쓰였다는 것은 매우 적절한 것이 아닐 수 없습니다. 돈을 사용할 때마다 '나는 이 돈을 믿지 않습니다. 나는 돈을 의지하지 않습니다. 나는 하나님을 신뢰합니다.'라는 고백을 상기시켜 줄 수 있기 때문입니다.

디모데전서 6장 17-18절에는 부한 형제들을 위한 적극적 권면이 나옵니다.

---

10 미합중국 재무부 홈페이지 https://www.treasury.gov/about/education/pages/in-god-we-trust.aspx.

오직 우리에게 모든 것을 후히 주사 누리게 하시는 하나님께 두며 선을 행하고 선한 사업을 많이 하고 나누어 주기를 좋아하며 너그러운 자가 되게 하라.

부는 하나님의 선물입니다. 섭리 가운데 하나님께서 어떤 사람에게는 부를 맡기셨습니다. 후히 주사 누리게 하셨습니다. 부는 우리 신앙의 헌신에 대한 하나님의 보상이 아닙니다. 우리를 너무나 잘 아시는 하나님께서 당신의 영광과 자녀들의 유익을 위하여 정확하게 재서 주신 것입니다. 자신의 이기적 욕망을 충족시키는 도구로서가 아니라, 하나님의 영광과 자신의 영적 유익을 위한 도구로 주신 것입니다. 그러므로 감사하면서 말씀대로 순종하는 것이 중요합니다. "하나님께 소망을 두고, 부와 재물을 믿지 말고, 하나님을 믿고, 선을 행하며, 선한 사업을 많이 하고, 나누어 주기를 많이 하고, 너그러운 자가 되게 하라"는 것입니다. 이것이 바로 하나님의 성품입니다. 하나님은 선을 행하시고, 선한 사업을 많이 하시고, 너그러움이 끝이 없으십니다. 또한 나누어 주기를 기뻐하십니다. 은혜 주기를 기뻐하십니다.

"에베소교회의 부한 형제들이 이런 사람들이 되도록 목

양해라." 이것이 바울 사도가 디모데에게 권면한 말씀의 의미입니다. 이 권면은 또한 오늘날의 모든 목사에게도 요구되는 말씀입니다. 한마디로 이것은 "사랑하는 사람이 돼라"는 적극적인 명령입니다. 돈을 추구하는 인생이 아니라 사람을 사랑하는 인생이 되라는 것입니다. 재물이 축적되는 삶이 아니라 사랑과 선을 베푸는 일이 축적되는 삶을 살라는 것입니다. 자기 창고에, 또는 은행 계좌에 돈만 쌓아 놓는 인생은 불쌍한 인생입니다. "아무것도 가지고 가지 못하리니"(딤전 6:7)라는 말씀을 기억해야 합니다. 이 말씀은 은행 계좌의 잔고만 쌓는 인생을 살지 말고, 살면 살수록 사람들을 사랑한 사랑의 역사가 축적되고 쌓이는 인생을 살라는 하나님의 말씀입니다.

현대 교회가 직면한 위기

주님께서 어리석은 부자에 대한 이야기를 하실 때 이렇게 말씀하셨습니다. "자기를 위하여 재물을 쌓아 두고 하나님께 대하여 부요하지 못한 자가 이와 같으니라"(눅 12:21).

이 부자는 자신을 위해 열심히 재물을 쌓아 놓았지만, 슬프게도 하나님께 대하여는 부요함이 없었습니다. 그런 상태에서 어느 날 갑자기 하나님께서 그를 데려가신다면 얼마나 비참하겠습니까? 하나님께 대하여 부요한 것은 "선을 행하고 선한 사업을 많이 하고 나누어 주기를 좋아하고 너그러운 자가 되는" 것입니다(딤전 6:18 참조). 이것이 하나님께 대하여 부요한 것입니다. 이어지는 19절에서 바울은 다음과 같이 말합니다. "이것이 장래에 자기를 위하여 좋은 터를 쌓아 참된 생명을 취하는 것이니라."

바울은 디모데전서 6장 9절에서 탐욕에 대해 경고했습니다. 자족은 탐욕과 관련하여 사용된 말입니다. 자족의 반대는 불만족이고 탐욕입니다. 탐욕은 우리 인생에서 모든 것을 앗아가는 강도입니다. 하나님이 후히 주사 누리게 하시는 모든 것을 앗아가고, 기쁨도 앗아갑니다. 자족이 없으면 기쁨도 없습니다. 현재 가진 것으로 만족하지 않는다면 원하는 것을 가져도 만족하지 못할 거라는 사실을 아는 것이 자족입니다.

전도서에 다음과 같은 말씀이 있습니다. "은을 사랑하는 자는 은으로 만족하지 못하고 풍요를 사랑하는 자는 소득으로 만족하지 아니하나니 이것도 헛되도다"(전 5:10).

바울 사도가 디모데전서를 기록하면서 결론부의 추신에 이 내용을 덧붙인 이유는 탐욕이 이끄는 인생을 살지 않도록 재차 강조하려는 의도였을 것입니다. 탐욕이 이끄는 인생을 살게 된다면 우리의 믿음은 무너지고, 우리의 인생도 엉망이 되고 말 것입니다. 디모데의 목회도 무너지고, 모든 것이 다 무너질 것입니다. 탐욕은 사람을 "파멸과 멸망에 빠지게 하는 것"입니다(딤전 6:9). 그래서 바울 사도는 간절함으로 선한 일을 하고, 선한 사업을 하고, 나누어 주기를 좋아하고, 너그러운 자가 되라고 말하면서 이것이 예수 그리스도를 믿는 모든 사람의 인생관이어야 한다고 말합니다.

세상에는 부자가 되려고 하는 사람이 가득합니다. 새해가 되면 "부자 되세요."라고 인사하기도 합니다. 심지어 개업하는 사람에게 "돈 세다 잠들게 하소서."라는 인사를 할 정도입니다. 천박의 극치를 달리는 세상입니다. 개업하는 음식점에서 '돈 세다 잠들게 하소서.'라는 문구가 쓰인 화분을 본 적이 있습니다. 이것은 축복이 아니라 저주입니다. 그런데도 사람들은 그 말을 행복하게 듣습니다. 돈을 사랑하고 부자가 되려는 마음이 있기 때문입니다.

우리는 어떻습니까? 세상은 그렇게 말할지언정 예수를

믿는 우리는 믿음으로 생각의 틀을 바꾸어야 하지 않겠습니까? '내가 더 많이 사랑하고 살아야지. 하나님이 주신 내 인생의 시간과 물질로 더 많이 사랑하고 살아야지. 그렇게 더 많이 사랑하다가 주님이 부르시면 주님께 가야지.'라는 생각으로 말입니다. 이것이 바로 그리스도인들이 살아가야 하는 삶의 방식이 아니겠습니까?

미국의 복음주의 월간지 〈크리스채너티 투데이〉(Christianity Today)의 편집장이었던 케네스 S. 칸처(Kenneth S. Kantzer)가 '현대 교회가 직면한 위기는 무엇인가?'라는 질문에 다음과 같이 대답했습니다.

> 현대 교회가 직면한 위기는 자유주의나 신정통주의나 계시나 영감에 대한 잘못된 견해나 신학의 여러 논쟁이 아니다. 오늘날 교회가 직면한 가장 심각한 문제는 물질주의다. 철학적 이론으로서의 물질주의가 아니라 미국인의 삶의 방식이 되어 버린 물질주의다.[11]

---

11 Kenneth Kantzer, as quoted by J. Robert Vannoy in a newsletter published by Biblical Theological Seminary, Hatfield, PA. Philip Graham Ryken, *1 Timothy : Reformed Expository Commentary* (P&R Publishing, 2007), p.281에서 재인용.

삶의 방식이 되어 버린 물질주의. 이것이 단지 미국만의 이야기일까요? 한국 교회는 다를까요? 그렇지 않습니다. 그리스도인들이 믿지 않는 사람들과 얼마나 다릅니까? 믿음을 가진 사람과 믿음을 가지지 않은 사람이 세상을 살아가는 인생관에 어떤 차이가 있습니까? '저 세상도 얻어야 하고, 이 세상도 포기할 수 없다.' 이것이 예수님을 믿는다고 하는 우리의 인생관입니까? 아니면 바울 사도가 말한 것처럼 "장래에 자기를 위하여 좋은 터를 쌓아 참된 생명을 취하는 것"(딤전 6:19)이 우리의 변화된 인생관입니까?

그리스도인은 사랑하라고 부름 받은 사람이다

결론을 맺기 전에 이 책을 쓰게 된 이유를 설명하겠습니다. 저에게는 사라지지 않는 질문이 있었습니다. 그리스도인은 믿음으로 산다고 하는데 그 믿음은 눈앞에 보이는 현실 앞에서 너무나도 무력한 것처럼 보일 때가 많았습니다. 예수님을 믿고 은혜를 받았다고 하는 그리스도인들도 여전히 부자가 되려고 하는 세상의 가치관과 방식을 벗어나지 못하는 것을 보았습니다. 은혜를 받았다고 하는 사람들 중에도 언젠가 하나님이 내 인생에 개입하셔서 인생역전을 이루어 주시기만을 기대하는 이들이 적지 않아 보였습니다.

한 형제가 자기 인생의 모든 것이 다 하나님의 은혜였노라고 진실하게 고백하며 간증을 하는 상황을 생각해 봅시다. 그런데 그 간증을 듣고 있던 한 형제가 속으로 '나도 당신처럼 모든 것을 가졌다면, 나도 당신처럼 성공했다면 당신처럼 하나님의 은혜를 말하고 간증할 수 있을 거야.'라고 생각합니다. 그는 하나님의 은혜를 고백하고 간증하는 형제의 물질적 성공을 부러워합니다. 실제로 하나님의 은혜를 간증하는 사람들은 남들이 부러워할 만한 물질과 성공을 가진 경우가 적지 않습니다. 그래서 그 간증을 듣는 사람들이 '하나님이 내 삶에도 개입해 주셔서 저 사람처럼 좋은 형편 속에서 살게 하시면 나도 "하나님의 은혜가 얼마나 큰지 모릅니다!"라고 간증할 수 있을 거야.'라고 생각합니다.

만일 이것이 기독교이고 교회의 모습이라면 너무 허탈하지 않습니까?

그리스도인은 이 세상에서 어느 정도 먹고 살 만하고, 어느 정도 성공을 누린 경우에만 하나님의 은혜를 간증하고 고백할 수 있는 사람입니까? 그런 사람의 물질적 성공을 부러워하며 '주님, 나도 저렇게 되게 해 주세요.'라고 기도하는 것이 기독교입니까?

이것은 세상의 정신입니다. 세상은 어떻게든 부자가 되고 성공하는 일에 목을 맵니다. 그러나 그리스도인은 하나님의 주권과 섭리가 우리 인생 가운데 낱낱이 드러나고, 우리 인생에 하나님의 주권과 섭리 없이 이루어지는 것이 없다는 것을 분명히 믿고 고백하는 사람들입니다.

그렇다면 믿는 사람은 하나님께서 허락하신 삶의 자리가 어떠하든, 그 속에서 하나님의 주권과 섭리를 인정하며 자족할 수 있어야 하는 것 아닙니까?

다시 말하지만, 자족은 포기하고 체념하는 것이 아닙니다. 자족은 우리를 형제 사랑의 자리로 인도합니다. 탐욕스러운 사람은 자기 자신만 사랑할 뿐 아무도 사랑할 수 없습니다. 탐욕이 우리 인생을 끌고 가는 동력이라면 우리는 아무도 사랑할 수 없을 것입니다. 사랑하는 시늉을 할 수는 있겠지만, 진정으로 누군가를 사랑할 수는 없습니다. 자족하는 사람만이 그가 얼마나 많이 소유했고, 얼마나 많이 가졌느냐에 상관없이 형제를 진정으로 사랑할 수 있습니다.

물론 물질을 많이 가진 사람이 선한 사업을 해도 더 많이,

더 크게 할 수 있을 것입니다. 그러나 물질의 소유가 형제를 사랑할 수 있는 유일한 조건은 아닙니다. 하나님께서 내게 주신 모든 것으로 형제를 사랑할 수 있습니다. 사랑은 물질로만 표현되는 것이 아니기 때문입니다. 우리는 답 없이 살아가는 자리에서도 답 없이 누군가를 사랑하기를 선택하면서 살아갈 수 있습니다.

이런 질문들, 이런 문제의식들이 이 책을 쓰게 된 동기가 되었습니다. 우리는 은혜를 받을 때에도 이 세상의 틀 안에서 은혜를 받는 경향이 있습니다. 하나님이 은혜를 주셔서 나를 실패의 구덩이 속에서 건져 주시고, 하나님의 은혜로 폼 나게 살면서 사람들 눈에 멋져 보이고 싶다는 생각을 합니다.

왜 우리가 그리스도와 복음 안에서 누리는 은혜가 세상의 틀과 방식으로 표현되어야 하는 것일까요? 성경은 우리가 그런 틀로 하나님의 말씀을 받으면 말씀을 제대로 받는 것이 아니라고 가르칩니다. 돈을 축적하는 삶을 살겠다는 틀, 세상에서 성공하겠다는 틀로는 진정한 은혜를 받을 수 없습니다. 우리가 살아가는 이유는 사랑하기 위함입니다. 하나님께서 우리에게 인생이라는 시간을 주시고, 물질을 주시고, 건강을 주시고, 사람을 섬길 수 있는 마음을 주시고, 그 밖의 모든 것을 주신 뜻은 사랑하라는 것입니다. 우리는 더 많이 사랑하는 존재로 부르심을 받은 사람들입니다.

물론 우리는 이 광야 같은 인생의 여정에서 답 없이 살아가는 존재처럼 살아갑니다. 그럼에도 우리는 또 다른 답 없이 살아가는 사람들을 사랑하기를 선택하고 결정할 수 있습니다.

예수님께서는 율법을 "하나님을 사랑하고 이웃을 사랑하는 것"(막 12:28-31 참조)으로 요약하셨습니다. 율법은 사랑하라는 계명입니다. 그래서 바울 사도도 갈라디아서 5장에서 이렇게 말했습니다. "그리스도 예수 안에서는 할례나 무할례나 효력이 없으되 사랑으로써 역사하는 믿음뿐이니라"(6절). 할례나 무할례가 중요한 것이 아니라 사랑으로 표현되는 믿음이 중요하다는 말씀입니다. "너희의 믿음은 사랑으로 표현되어야만 한다. 그것이 참된 믿음이다. 이보다 중요한 것은 없다"는 뜻입니다. 사랑을 축적하는 인생을 살라는 것입니다.

당신에게는 부모로부터 받을 수 있는 돈이나 모아 놓은 돈이 별로 없을 수 있습니다. 소위 세상이 말하는 '흙수저'

일 수 있습니다. 그렇다고 실패한 인생이 아닙니다. 인생의 실패와 성공은 돈으로 측정되지 않습니다. 하나님은 사랑하는 삶으로 우리를 부르셨습니다. 하나님께서 중요하게 여기시는 것은 당신이 형제에게 베푼 사랑, 나누어 주기를 좋아했던 것, 선한 일에 부요했던 것, 하나님께 대하여 부요했던 것입니다.

인생을 살아가는 시각을 바꾸어야 합니다. 예수 그리스도의 복음은 그 시각을 완전히 뒤바꾸어 놓는 능력입니다. 그리스도인은 그 길로 걸어가는 사람입니다. 교회는 그 길을 함께 걸어가는 사람들입니다. 우리는 사랑하도록 부름 받은 인생들입니다.

룻과 나오미, 그리고 보아스가 보여 주었던 것처럼 우리는 답 없는 세상에서 사랑하라고 부름 받은 존재라는 사실을 기억하십시오. 이 영광스러운 부르심을 따라 즐거이 살아감으로써 당신의 인생이 하나님을 영화롭게 하는 삶이 되기를 소망합니다.

묵/상/을/위/한/질/문

1. 당신에게는 주일 공예배가 얼마나 중요합니까? 선포되는 하나님의 말씀이 당신의 끈질긴 죄성을 죽이는 것을 어떻게 경험하십니까? 그런 일이 전혀 일어나지 않는다면, 무엇이 잘못된 것입니까?

2. 지금까지 살아오면서 '부자 되기'라는 세상의 방식에 이끌려 생각하고 살았던 적이 있습니까? 지금은 어떻습니까?

3. '자족의 은혜'를 경험한 적이 있습니까? 그 은혜를 되새기며 묵상해 보십시오.

4. 성경이 가르치는 바, 답 없이 살아가면서도 답 없이 사랑하며 사는 것이 왜 우리에게 큰 유익입니까?

5. 하나님께 답 없이 살아가면서 답 없이 사랑하는 삶을 사는 은혜 주시기를 구하십시오.

마치는 기도

하나님 아버지,

나오미의 이야기를 통해 저희가 살아가는

답 없는 삶을 보게 하시니 감사합니다.

답 없이 살아가는 저희의 삶이

뭔가 어긋나고 잘못되고 문제가 있는 삶이 아니라고

말씀해 주시니 감사합니다.

그럼에도 불구하고 저희는 이미 하나님 안에서,

복음 안에서 답을 가진 사람들이기 때문에 감사합니다.

언젠가 하나님 자신이 그 답이 되심을

알게 하실 날이 올 것을 소망합니다.

저희가 이 답 없는 현실 속에서

어떻게 믿음으로 살아갈 수 있는지를 가르치사
마라의 삶을 엘림의 삶으로 바꾸시는 것만이 아니라,
마라의 삶 속에서도
하나님의 은혜를 누리고 사는 것이 무엇인지를
배우게 하여 주옵소서.

하나님 아버지,
저희의 삶이 답이 없어 괴롭고, 한심하고,
막막하게 느껴질 때가 많지만
그 속에서도 하나님의 인애와 사랑을 베풀 수 있는 존재로
저희를 부르셨음을 알게 하사,
답 없이 살면서도 인애를 베풀고 사랑하며 사는
이 영광, 이 기쁨, 이 행복을
충만하게 누리며 살게 하옵소서.

하나님 아버지,
저희의 인생이 전능하고 선하신 하나님께서
이끄시는 인생이기에,
어디로 인도하시든지,

마라로 데리고 가시든, 엘림으로 데리고 가시든,

그것이 다 저희에게 주어진 맞춤 은혜라는 사실을

저희가 알게 하여 주옵소서.

그저 고생 안 하며 살고, 남들 보기에 부러운 삶을 살고,

그저 경제적으로 여유 있는 삶을 사는 것이

우리 행복의 모든 것이 아니라는 사실을 알게 하옵소서.

하나님의 선하심을 붙잡고,

하나님이 이끄시는 대로 그 길을 따라가며,

마라에서든지 엘림에서든지

하나님의 선하심을 찬송하고 기뻐할 수 있게 하옵시고,

답이 없어도 답 없이 사는 형제들을

사랑하며 살게 하옵소서.

하나님 아버지,

주의 말씀을 기억하게 하시고, 생각하게 하시고,

그 말씀으로 저희 자신을 돌아보게 하시고,

하나님 앞에서 결단하게 하시고,

그 결단을 살아내는 믿음을 주시옵소서.

하나님 아버지,

세상 사람들이 다 추구하는 것처럼

돈을 추구하거나 성공을 추구하는 인생이 아니라,

더 많이 사랑하고 더 많이 나누어 주는,

하나님께서 저희에게 언제나 넘치도록 너그러우셨듯이

너그러운 인생이 되게 하여 주옵소서.

답 없는 삶을 살아가면서도,

답 없는 삶을 살아가는 인생들을

깊이 끌어안고 사랑하기를 선택하는

복되고 부요한 인생이 되게 하옵소서.

예수님의 이름으로 기도하옵나이다.

아멘.

사명선언문

너희가 흠이 없고 순전하여……세상에서 그들 가운데 빛들로
나타내며 생명의 말씀을 밝혀 _ 빌 2:15-16

1. 생명을 담겠습니다
만드는 책에 주님 주신 생명을 담겠습니다.
그 책으로 복음을 선포하겠습니다.

2. 말씀을 밝히겠습니다
생명의 근본은 말씀입니다.
말씀을 밝혀 성도와 교회의 성장을 돕겠습니다.

3. 빛이 되겠습니다
시대와 영혼의 어두움을 밝혀 주님 앞으로 이끄는
빛이 되는 책을 만들겠습니다.

4. 순전히 행하겠습니다
책을 만들고 전하는 일과 경영하는 일에 부끄러움이 없는
정직함으로 행하겠습니다.

5. 끝까지 전파하겠습니다
모든 사람에게, 땅 끝까지, 주님 오시는 그날까지
복음을 전하는 사명을 다하겠습니다.

서점 안내

광화문점	서울시 종로구 새문안로 69 구세군회관 1층 02)737-2288 / 02)737-4623(F)
강남점	서울시 서초구 신반포로 177 반포쇼핑타운 3동 2층 02)595-1211 / 02)595-3549(F)
구로점	서울시 동작구 시흥대로 602, 3층 302호 02)858-8744 / 02)838-0653(F)
노원점	서울시 노원구 동일로 1366 삼봉빌딩 지하 1층 02)938-7979 / 02)3391-6169(F)
일산점	경기도 고양시 일산서구 중앙로 1391 레이크타운 지하 1층 031)916-8787 / 031)916-8788(F)
의정부점	경기도 의정부시 청사로47번길 12 성산타워 3층 031)845-0600 / 031)852-6930(F)
인터넷서점	www.lifebook.co.kr